Blutgrätsche

Volker Himmelseher

Blutgrätsche

Ein Roman aus der Welt des Profifußballs

Bibliografische Information der Deutschen Nationalbibliothek
Die Deutsche Nationalbibliothek verzeichnet diese Publikation
in der Deutschen Nationalbibliografie; detaillierte bibliografische
Daten sind im Internet über http://dnb.d-nb.de abrufbar.

© 2017 Volker Himmelseher
Coverbild: Michelle Himmelseher
Umschlagdesign, Satz, Herstellung und Verlag:
BoD - Books on Demand
ISBN 978-3-7448-6062-8

Vorwort des Autors

Fußball erweckt große Emotionen, hat dabei aber auch eine dunkle Seite. Wo Flutlicht strahlt, findet sich eben Schatten! Die Helden der Geschichte sehen zunächst wie Sieger aus. Sie durchleiden aber auch manches Jammertal, oder enden gar darin. In einem Roman ist alles nur Fiktion. Selbst Personen des öffentlichen Lebens, die in ihm auftreten, spielen in fiktiven Szenen. Viele davon haben jedoch wirklich irgendwo oder irgendwann stattgefunden. Sie prägten, wie in diesem Roman, das Leben von Menschen. Deren Leben unterlag durch sie der Veränderung.

Veränderung ist Leben, oft Leben bis zum traurigen Ende.

Ein Satz des Autors und Fußballexperten Nick Hornby gibt dieser düsteren Sicht auf die Dinge eine tröstliche Note:

Das Leben schlägt den Fußball, wenn es um Trauer geht; selbst für uns ist eine Niederlage nicht so schlimm wie ein Todesfall. Aber Fußball schlägt das Leben, wenn es um Glück geht.

Raum Frankfurt

Richard Finz hörte im Halbschlaf, wie die Vorhänge und das Fenster geöffnet wurden. Ein greller Strahl der Morgensonne schaffte den Weg bis unter seine Bettdecke, die er nicht ganz blickdicht über den Kopf gezogen hatte. Er fühlte einen leichten Windzug. Der Wind seufzt in den Bäumen, oder seufze etwa ich?, fragte er sich und presste seine Augen zusammen. Er wollte weder vollends aufwachen noch aufstehen. Dann hörte er leichte Schritte auf sein Bett zukommen und Miras Stimme direkt über sich: »Richie, der Kaffee ist fertig.«

Er brummte unwillig. Als sie den Satz mit seidiger Stimme wiederholte und »Richie, aufstehen« hinzufügte, schaute er mürrisch unter der Decke hervor. Ein Sonnenstrahl traf seine Augen; sie flackerten wie ein schlechtes Fernsehbild.

»Jetzt schon?«, brachte er mit müder Stimme hervor. »Ich kann heute zuhause bleiben, muss nicht zum Olympiastützpunkt nach Frankfurt. Ich will ein neues Konzept für die Mittelbeschaffung erarbeiten, und dafür brauche ich Ruhe.«

Mira ließ sie ihm nicht: »Aber ich muss in die Hufe kommen. Ich bin schließlich selbstständig und meine Patienten haben feste Termine bei mir.«

Mira Stein hatte sich als Physiotherapeutin im Keller des Hauses eine Praxis eingerichtet. Die lief gut. Kronberg im Taunus war eine Kleinstadt mit vielen alten Leuten, und die hatten Wehwehchen, die behandelt werden mussten. Außerdem konnte Richie ihr viele Sportler zuführen, mit denen er täglich zu tun hatte. Sie zeigten sich nicht so dankbar wie die Alten. Sie waren oft wehleidig, ihre Verletzungen mussten sofort behoben sein, und selbst wenn das gelang, gab es keinen Dank.

Richie kämpfte mit sich, ob er Mira nochmals Kontra geben sollte. Du hast doch keinen weiten Weg, kannst im Haus bleiben, lag ihm auf der Zunge.

Mira hatte sich in ihrem weißen Seidenpyjama über ihn gebeugt, und aus dem Ausschnitt sahen ihm die kleinen spitzen Jungmädchenbrüste entgegen, die ihr auch als erwachsene Frau geblieben waren. Er fühlte, wie Erregung in ihm aufstieg, und entschied sich, auf eine Antwort zu verzichten. Er ließ lieber »die Einsicht« auf sich wirken.

Mira registrierte das mit ihren großen hellblauen Augen, und auf ihrem sinnlichen Mund zeigte sich ein Grinsen.

Wie konnte sich mein Geschmack nur so ändern?, dachte Richie. Während meiner Zeit als Spielerscout in Afrika hatte ich die prallen Busen der schwarzen Frauen als Ideal. Mit Wehmut dachte er an die spannende Zeit zurück.

Das Muttermal in ihrem Nacken faszinierte ihn immer wieder. Es hatte die Kontur seines Lieblingskontinents Afrika.

Mira war sich sicher, dass sie ihn nun an der Angel hatte. Sie drehte sich um und ging mit ihren schönen langen Beinen aufreizend Richtung Zimmertür.

Auch ihr Gang blieb bei Richie nicht ohne Wirkung. »Du hast schöne Beine. Ich sollte das eine Samstag und das andere Sonntag nennen und dich fragen, ob ich zwischen den Tagen mal reinkommen darf!«, rief er ihr hinterher. Es war nur ein Satz körperlicher Begierde, ohne Zärtlichkeit und Gefühl, ertappte er sich.

»Heute ist erst Mittwoch, du Spinner«, antwortete sie mit einem gurrenden Lachen und war aus der Tür.

Aus der Küche hörte er das Klappern von Geschirr. Er machte sich frisch, rasierte sich jedoch noch nicht. Anders als Mira mochte er seinen morgendlichen Stoppelbart. Schön männlich fand er ihn, und Schmusen war nach der verordneten Eile kaum angesagt.

Als er den gedeckten Frühstückstisch betrachtete, schauten ihn lauter gesunde Sachen an: Grünzeug, Körner, Orangensaft, keine Wurst! Mira wollte ihn wieder auf ihren Gesundheitstrip mitnehmen. Nicht, dass ihm von diesen Nahrungsmitteln schlecht wurde, aber er war schließlich kein Kaninchen.

Neben Miras Gedeck lag aufgeschlagen die Zeitschrift »Physiotherapie«. Sie würde darin blättern und ihn wenig beachten. Das kam ihm jetzt schon sauer auf. Was hatte es mit dem gemeinsamen Frühstück noch auf sich? Sie waren nun 3 Jahre zusammen, 3 schöne Jahre, doch immer mehr Dinge fand er, die es zu bemäkeln galt: Mira war ihm zu häuslich geworden. Im Gegensatz zu ihm kannte sie kein Fernweh. Ihr beider Sexleben hatte viel von seiner anfänglichen Spontanität verloren. Das Schlimmste war jedoch, dass Mira ihn andauernd verändern wollte, seine Essgewohnheiten, seinen Tagesrhythmus, seinen Freundeskreis. Sie merkte nicht einmal, wie er das verabscheute. Vielleicht war er selbst ein bisschen schuld an dieser Entwicklung. Mira war eine schöne, begehrenswerte Frau, und es war so bequem, sich, trotz dieser Beanstandungen, ihrer zu besinnen, wenn ihm danach war. Deshalb war sie sich seiner so sicher geworden. Zu Unrecht, dachte er.

Als Mira hinter der Zeitung verschwand, konnte er das nicht unkommentiert lassen: »Dominanz in der Kommunikation erreicht man wohl am ehesten durch Schweigen?«

Mira guckte verständnislos hinter dem Journal hervor. »Ich dachte, du bist ein Morgenmuffel und Schweigen ist Gold!«

Touché! Er fühlte sich getroffen, hatte auf dem falschen Bein Hurra geschrien. Er wollte schnell das Thema wechseln, aber Mira biss sich fest: »Wehr dich!«

»Nein, ich wehre mich nicht, weil ich keine Frauen schlage.« Sein flapsiger Satz zog nicht.

Sie stand auf, blickte ihn mit Verachtung an und antwortete: »Ich gehe zuerst ins Badezimmer.« Mit einem flüchtigen Kuss auf seine Haare sendete sie ein kleines Friedenszeichen.

Ich habe eine fantastische Frau, leider gewöhnt man sich daran, dachte er erneut vor sich hin. Ein Tag wie jeder andere in der letzten Zeit hatte begonnen.

Die Arbeit rief Richie an den Schreibtisch. Auf ihm lag liniertes Papier. Zahlen und Worte hatte er gestern schon daraufgekritzelt, war aber noch zu keinem Ergebnis gekommen. Bei dem derzeit schlechten finanziellen Umfeld des Olympia-Stützpunkts war das Erstellen eines Plans für weitere Mittelbeschaffung eine Notwendigkeit, aber undankbar. Denn die Möglichkeiten, für den Stützpunkt tätig zu werden, waren limitiert. Er klopfte noch einmal alles gedanklich ab: Trikotwerbung stand anderen zu. Bandenwerbung brachte mangels Zuschauer am Stützpunkt kaum etwas. Sie hatten sogar Firmen Fesselballons mit Werbeaufdruck über dem Gelände als Werbemöglichkeit angeboten, aber keine Interessenten gefunden. Merchandising, der Verkauf von Fanartikeln, fiel ebenfalls nicht unter ihre Zuständigkeit. Regionale Verbände und Firmen hatten sie schon mehrfach angebettelt. Als lokale Größen konnten sie sich einer gewissen Förderung nicht verweigern, aber das war es dann auch.

Er musste neue Ansätze finden. Dafür rekapitulierte er seine bisherigen Überlegungen: Sponsoren erwarteten heutzutage für Fördererbeiträge erhebliche Gegenleistungen. Die Möglichkeiten, sie zu erbringen, waren aber begrenzt. Trainer und Manager wachten mit Argusaugen darüber, dass die Athleten nur in geringem Umfang für Werbeeinsätze zur Verfügung stehen mussten. Die Sportler selbst hatten auch Vorbehalte, die respektiert werden mussten. Schließlich waren nur fitte und zufriedene Athleten Garanten für Erfolg, und der war die Voraussetzung für Sponsoreninteresse.

Eine Idee war ihm gestern gekommen, und auf ihr wollte er aufbauen: Die Zeiten waren schnelllebiger geworden. Man musste sich dieser Schnelligkeit anpassen. Den neuen Leistungstypus konnte man mit dem Slogan »Schnelle Menschen für schnelle Zeiten« beschreiben. Diese Menschen musste man schnell erreichen, sie wollten schnell entscheiden, ihr finanzielles Engagement würde dann schnell kommen, aber auch schnell wieder ein Ende nehmen. Schnell würden sie etwas Neues suchen, was sie rational oder emotional reizen konnte.

Richie schwebte vor, unter Berücksichtigung dieser Voraussetzungen, Einzelpersonen anzusprechen. Von ihnen konnte man zwar nicht vergleichbare Fördererbeträge wie von Firmen generieren, dafür gab es aber eine größere Anzahl von ihnen, und Kleinvieh machte bekanntlich auch Mist. Er musste etwas finden, was sie schnell ansprach und wenigstens kurzzeitig spenden ließ. »Kleinspende Sportler des Monats« schrieb er sich als Merkposten auf. Eine aktuelle sportliche Höchstleistung eines Athleten schien ihm durchaus geeignet, um von Sportinteressierten einen Beitrag einzuwerben. Nun sprudelte seine Fantasie: Ein solcher Betrag konnte über eine App auf dem Mobiltelefon getätigt und innerhalb der Telefonrechnung bezahlt werden. Sie konnte dabei mit einem Banner beworben werden. Die regionale Telefongesellschaft gehörte zu den Förderern des Stützpunkts. Bestimmt ließ sie über eine kostenfreie Dienstleistung für das Inkasso und die begleitende Bannerwerbung mit sich reden. Das brachte ihr schließlich durch positive Kundenkontakte ebenfalls einen Werbewert. Er wollte sie von einer Win-win-Situation überzeugen.

Je länger er darüber nachdachte, umso mehr gefiel ihm die Idee. Sie musste einfach ausprobiert werden.

Auf einem Bein sollte sein Konzept jedoch nicht stehen, eine zweite Maßnahme musste her. Für ihre Verwirklichung besann er sich auf ein Gespräch, das kürzlich in seinem Elternhaus geführt worden war: Zurzeit standen große Vermögen vor dem Erbfall. Generationenwechsel war das Stichwort. Die Gesprächsteilnehmer waren sich einig gewesen, dass es nicht immer sinnvoll wäre, nur die eigenen Abkömmlinge zu bedenken. In anderen Ländern, wie in den USA, war es üblicher als in Deutschland, größere Teile des Vermögens zu Gunsten der Allgemeinheit zu stiften. Sportförderung als Stiftungszweck war dabei gang und gäbe. In Deutschland war es leider immer noch notwendig, einen potentiellen Spender für diese Möglichkeit zu erwärmen. Hierfür konnte man Sympathieträger nutzen. Wer war dafür besser geeignet als ein erfolgreicher Sportler, durchaus ein ehemaliger?

Sie hatten über Fundraising geredet. Viele soziale Einrichtungen wie UNICEF hatten dies schon lange für sich entdeckt. Warum sollte der Sport nicht Gleiches tun? Dabei ließen sich mehrere Fliegen mit einer Klappe schlagen: Der Schenker konnte die Zustiftung ab einem gewissen

Betrag dauerhaft mit seinem Namen verbinden und steuerlich absetzen. Dem Werber durfte man aus dem Spendenbetrag eine Provision zahlen. Eine beachtliche Zusatzversorgung war damit möglich. Der überwiegende Betrag ging natürlich in den Topf des Olympiastützpunktes.

Richie war mit dem Ergebnis seines Brainstormings zufrieden. Er brauchte nun eine Pause, bevor er die Entscheidungsvorlagen ausformulierte. Er wollte seine Annahmen noch mit einigen Statistiken belegen. Dazu musste er googeln.

Er schaute aus dem Fenster und sah, dass ihre Terrasse voll in der Sonne lag. Standortwechsel war angesagt! Er hinterfragte seine Gedanken nochmals in der Sonne: Seine erste Idee benutzte den Sport nicht als Kommunikationsplattform mit dem Ziel der Imagebildung, dem Aufbau einer Marke oder der Steigerung des Bekanntheitsgrades. Bei ihr war die sportliche Leistung selbst Anreiz für die Förderung.

Beim zweiten Ansatz war die Sympathie für den Sport ursächlich für eine Vermögensübertragung. Er nahm seinen Laptop und begann zu formulieren.

Begierig zog er dabei die Luft ein, sie war seidig, wie es sich in einem Luftkurort gehörte. Er und Mira wohnten in der Mitte des Burgbergs mit Blick auf die Altstadt und Weitsicht auf Frankfurt. Diesen Blick nannten die Einheimischen gerne Malerblick. In dieser schönen Umgebung brachte er seine Arbeit erfolgreich zu Ende.

Auch wenn er fürs Erste zufrieden war, galt es noch viel zu tun: Nun musste er die Gremien von seinen Vorschlägen überzeugen. In ihnen würde alles durchdekliniert und leider oftmals auch zerredet. Wie er das hasste! Versonnen schaute er auf das Panorama von Frankfurt, doch seine Gedanken schwebten in die Ferne. Da war sein Arbeiten in Afrika doch ganz anders gewesen! Er war frei gewesen und konnte selbst entscheiden. Er war der Macher gewesen. Da hatte es keine Diskussionen mit gewichtigen oder übergewichtigen Funktionären gegeben. Was hatte Max Merkel über Fußballfunktionäre gesagt? »*Die wissen nicht einmal, dass im Ball Luft ist. Die glauben doch, der springt, weil ein Frosch drin ist.*« Richie musste grinsen und gestand sich ein, dass ihm trotzdem die Beschäftigung mit Fußball hundertmal besser gefallen hatte als die Tätigkeit am Olympiastützpunkt, wo Fußball nicht vorkam.

Seine Gedanken gingen nach Afrika. Die Menschen waren dort viel freier und offener gewesen. Ihnen hatte er Motivation und Hoffnung bringen können. Ihr Dank und ihr Vertrauen wurden für ihn fortwährender Ansporn. Fernweh erfasste ihn, und es bedrückte ihn, dass dies weder Mira noch seine Chefs verstanden. Für ihn jedenfalls stand bald fest: Es gab kein Leben danach. Man musste alles vorher erledigen.

Doha in Katar

Katar liegt an der Ostküste der Arabischen Halbinsel und wird von einer absolutistischen Monarchie regiert. Die Hauptstadt ist Doha, die Staatsreligion der Islam und die Grundlage der Gesetzgebung die Scharia. Bezogen auf die Einwohnerzahl ist Katar eines der reichsten Länder der Erde. Seine Erdgasvorräte und das Erdöl reichen noch mehr als 100 Jahre. Entsalzungsanlagen sorgen für genügend Wasser und ermöglichen, besonders in der Hauptstadt, eine hypermoderne Infrastruktur. Die Herrscherfamilie investierte viele Milliarden aus dem Staatsvermögen in der ganzen Welt. Sie hält Banken-, Dienstleistungs- und Industriebeteiligungen an Weltfirmen, um den Wohlstand des Landes auch für die Zeit nach Gas und Öl zu sichern.

Während andere Herrscher Kunst sammeln, Shopping Malls bauen sowie Prachtbauten entstehen lassen, träumt die Herrscherfamilie davon, das Land in eine führende Sportnation umzuwandeln. Scheich Tamim bin Hamad al- Thani, der dem Nationalen Olympischen Komitee vorstand, ging so weit, zu behaupten, es wäre wichtiger, dem IOC anzugehören als der UNO. Er beweihräucherte sich auch selbst ein wenig: »Wer wie ich kraft Geburt Macht, Prestige und Reichtum besitzt, muss versuchen, sich für sein Land nützlich zu machen. Wer das nicht tut, gibt ein schwaches Bild ab.«

Unter seiner Protektion entstanden modernste Sportanlagen wie das »Laptopstadion«, das zu zwei Dritteln unter der Erde liegt und mit der Haupttribüne wie ein offener Laptop herausragt. Der Aspire Dome wurde das bisher markanteste Beispiel für die herrschaftlichen Ambitionen. Schon 2004 realisierte man mit dem Dome eine der weltweit größten Trainings- und Wettkampfstätten für Spitzensportler.

Eine Milliarde Dollar hatte die Anlage in etwa gekostet. Über dreihundert ausländische Experten sollen darin nun die Katarer an die Weltspitze führen. Das fällt schwer, weil kaum mehr als zweihunderttausend der Einwohner die katarische Staatsbürgerschaft haben. Der Fundus für Weltklasseathleten ist also sehr klein. Man hat vieles versucht, um trotzdem erfolgreich zu sein, nahm aber vermehrt die Ausrichtung von Sportgroßveranstaltungen, um das Land zu repräsentieren: Seit 1993 finanziert Doha ein Tennisturnier der ATP-Tour, ein Frauenturnier der WTA kam dazu. Bei den Katar-Masters spielen die Golfprofis der European Tour seit 1998 um zweieinhalb Millionen Dollar Preisgeld. Als 2006 in Doha die Asienspiele ausgetragen wurden, hatte der Emir drei Milliarden Dollar in deren Gelingen investiert. Vergeblich bewarb sich das Land um die Olympischen Spiele 2016. Dafür erhielt man aber durch das positive Votum der FIFA-Exekutive die Fußballweltmeisterschaft 2022. Es hielten sich aber zäh Gerüchte über gekaufte Stimmen.

Nach der Vergabe der WM wurde die Sportförderung überwiegend auf Fußball gelenkt. Sie ging natürlich zu einem Großteil in den Bau der von der FIFA geforderten Stadien. Nachdem die Veranstaltung aus den Hitzemonaten in die Winterzeit verlegt worden ist, spielt die Kühlung der Stadien kostenmäßig nur noch eine untergeordnete Rolle.

Die Zahl der Stadien würde für das kleine Katar am Ende des Turniers überdimensioniert sein. Angeblich rückbaubare Stadien gehörten deshalb als ambitiöses Vorhaben schon zum Bieterkonzept. Man wollte eine Weltmeisterschaft der Innovationen präsentieren.

Mit anderen Fördermaßnahmen zahlte man hingegen enormes Lehrgeld. Jugendliche Talente wurden mit großem finanziellem Aufwand zur Ausbildung in europäische Vereine geschickt. Das brachte nicht den gewünschten Erfolg.

Mit internationalen Altstars versuchte man das Niveau der lokalen Liga zu heben. Mario Basler, Stefan Effenberg, aber auch die Brasilianer Ailton und Dede wurden unter Vertrag genommen. Man bot ihnen sogar gegen Bezahlung die Staatsbürgerschaft an. Das steigerte jedoch nur kurzfristig das Publikumsinteresse. Eine dauerhafte Qualitätsverbesserung des Spielbetriebs blieb aus.

Der Spanier Josep Colomer, einer der unter Vertrag genommenen Spezialisten, hatte eine weitergehende Idee. Er hatte an der französischen Fußballeliteschule Clairefontaine gearbeitet und war danach seit 2006 in der Nachwuchsabteilung des FC Barcelona beschäftigt, bevor Katar ihn abwarb. Colomer hat den Emir und dessen Mitarbeiter überzeugt, für die eigene Akademie weltweit minderjährige Talente zu suchen. Er predigte vom Humankapital von morgen. Spielerscouts besuchten daraufhin Qualifikationsturniere in Afrika sowie in Süd- und Mittelamerika. Sie suchten in den dortigen Vereinen nach hoffnungsvollen Spielern. Colomer reiste selbst an 250 Tagen des Jahres durch die Länder und organisierte die Talentsuche. An fast 1000 Orten wurden Ausscheidungsspiele veranstaltet und von unzähligen Freiwilligen betreut. Der Etat dafür war von schwindelerregender Höhe. Viele Millionen hat der Emir freigegeben, um aus einer halben Million minderjähriger Fußballer die besten 25 herauszusieben! Diese Castingshow kostete nicht nur viel, sondern brachte unschöne Nebenerscheinungen mit sich. Die kleinen Fußballer mussten aus abgelegenen Orten zusammengeholt werden. Korrupte Funktionäre manipulierten die Beurteilung ihrer Fähigkeiten, um an ihrer Verpflichtung mitzuverdienen. Kidnapper sahen die Möglichkeit, die Kinder abzufangen und mit Lösegeldforderungen zu Geld zu kommen. Morddrohungen gegen Colomer gingen einher mit tatsächlichen Morden an jungen Spielern. Das hielt die nicht ab, weiter zu den Spielorten zu strömen. Der Spanier hatte die Gefahren befürchtet. Er sah den Satz bestätigt: *In Europa spielen die Kinder Fußball zum Spaß, in Afrika um ihr Leben.* Bei den Katarern gewann Skepsis die Oberhand, ob sie wirklich auf diese kostspielige Weise ihr Nationalteam zu einem Dreamteam des Weltfußballs machen konnten. So teure Aktionen wollten selbst sie nicht ständig wiederholen. Es wuchs der Wunsch, in Doha eine Struktur aufzubauen, die kostengünstiger zum gewünschten Ziel führte.

Unter den Scouts war ein Deutscher besonders aufgefallen. Der fünfunddreißigjährige ausgebildete Sportmanager Frank Schaaf sprach neben Deutsch fließend Englisch, Französisch und ein wenig Spanisch. In Katar wurde das Deutschsein an sich schon mit bestimmten Gütesiegeln verbunden: Gründlichkeit, Pünktlichkeit, Korrektheit und Erfolg, besonders im Fußball.

Diese Eigenschaften paarten sich in Frank Schaaf mit Weltoffenheit und Toleranz. Die Herren des Wüstenstaats suchten mit ihm das Gespräch. Der Deutsche trat selbstbewusst auf. Er ließ Durchsetzungsvermögen erkennen und wartete mit neuen Ideen auf. Er war bald erste Wahl. Sein Konzept sollte nach seiner Vorstellung unbedingt mehrere Dinge berücksichtigen: Er wollte von der Spielersuche bei teuren Sichtungsturnieren zu der Suche durch einzelne, gut ausgebildete Spielerscouts übergehen.

»Von Massensichtung halte ich nichts. Talente gibt es nicht inflationär. Die muss man einzeln entdecken.«

Wie man mit den Spielerscouts umgehen sollte, stand ebenfalls für ihn fest: »Die erhalten Auslagenersatz und feste Bezüge mit einem Erfolgsanteil obendrauf und sollen auf ihre individuelle Art talentierte Fußballkinder finden, die wir dann fördern.«

Das Training der Kinder wollte er durch Einstellung fortschrittlicher Trainer revolutionieren. Er hatte dabei nichts Neues im Sinn, sondern schlug die Form der Nachwuchsausbildung vor, die sich in der Jugendakademie des FC Barcelona, La Masia, bewährt und zeitweilig bis zu 10 Spieler ins Profiteam geführt hatte. »Weltspieler wie Lionel Messi, Andrés Iniesta und Xavi gehören dazu«, zählte er auf und fuhr fort: »Dort wird den Kindern bis zum sechzehnten Lebensjahr jegliches Krafttraining verboten, genauso wie stumpfsinnige Dauerläufe und Zirkeltraining. Sie dürfen nur an den Ball denken. Am Ball verbessern sie dann wie von selbst alles, Technik, Schnelligkeit, Kraft und Ausdauer.«

Frank Schaaf postulierte das berühmte Tiki-Taka, das geordnete Kurzpassspiel: »Dabei wird nur ein Drittel des Fußballfeldes benutzt. 20 Spieler auf diesem engen Raum! In der Profiliga wird es später auch nicht viel anders sein.« Dieser bewährte »Barça«-Stil verzichtete auch auf das Suchen von Spielern für bestimmte Positionen. »Das beruht auf der Erkenntnis, dass allgemein technisch ausgebildete Spieler mit Drang zur Offensive später noch zu flinken, technisch versierten Abwehrspielern umgeschult werden können«, dozierte Schaaf.

Seine Gesprächspartner waren beeindruckt und ließen ihn fortfahren: »Die jungen Spieler werden gezielt gefördert: Man behütet sie wie Muscheln in einer Perlenzucht. Nur so entdeckt man die wertvollen Perlen. Die müssen sich in einer B-Mannschaft der Profis bewähren. Wer sich dort als besonders begabt herauskristallisiert, wird langsam der ersten Mannschaft zugeführt.«

»Wir sollten dabei um eine Komplettausbildung bemüht sein. Diese Kinder haben in allen Bereichen Defizite, wenn sie zu uns kommen. Das ist mein Zukunftsvorschlag mit drei Säulen: individuelle Entdeckung der jungen Spieler, modernes Trainingskonzept, ganzheitliche Ausbildung!«, endete er schlicht.

Das Konzept überzeugte die Wüstenherrscher. Es war logisch aufgebaut, erschien machbar und ließ einen ähnlichen Erfolg wie bei »Barça« erhoffen.

Frank Schaaf wurde der neue Leiter der Sektion Fußballentwicklung im Aspire Dome und bezog ein Jahressalär von 400 Tausend Dollar zuzüglich üppiger Tantieme und Erfolgshonorare. Er ging mit Optimismus an die Arbeit und wollte schnellstmöglich Erfolge vorweisen.

Frank Schaaf saß in seinem Büroraum im Aspire Dome.

Der Raum war angenehm heruntergekühlt, denn draußen herrschten knapp 50 °C. Es war Sommerzeit in Katar. Schaaf trug ein weißes Poloshirt von Adidas, sehr körperbetont, das konnte er sich erlauben. Dazu trug er eine helle Leinenhose und helle Sportschuhe. Alles war der hohen Temperatur draußen angepasst. Sein Büro war sehr sachlich eingerichtet. Es strotzte vor Geräten der neuen Medien. Ein großer Flachbildfernseher neuester Bauart hing an der Wand, auf dem riesigen Schreibtisch war eine moderne Telefonanlage mit Freisprecher platziert, ein Laptop mit zusätzlichem großem Bildschirm und ein Projektor für Filme, Fotos und Tabellen standen daneben. An den weiß getünchten Wänden kündeten gerahmte Fotos davon, wie sehr Ausnahmefußballer eine Rolle in Schaafs Berufsleben gespielt hatten. Dort sah man Pele, Messi, Ronaldo, Xavi, Eto'o und viele andere Spieler, die Furore gemacht hatten.

»Wir alle brauchen doch irgendwie Mythen und Helden, an denen wir uns festhalten können. Ich möchte nicht zum Verwalter trister Realität verkümmern. Nur Mitreißen und Begeisterung bringen uns weiter«, erklärte Frank Besuchern seine Philosophie.

Er arbeitete am Aufbau seines Kompetenzzentrums. Im Moment war er dabei, die richtigen Spielerscouts zu finden. Er wollte zunächst mit einem beginnen.

Die Zukunft ist vernetzt, wusste er, aber er wollte dabei auf eine klassische Headhunteragentur verzichten und sein eigenes Netzwerk strapazieren.

Schon einige Tage hatte er versucht, einen Kollegen und Freund aus früheren Tagen ausfindig zu machen, mit dem er zusammen in Afrika junge Spieler gesucht hatte. Heute war seine Nachforschung endlich von Erfolg gekrönt worden. Richard Finz wohnte derzeit in der Nähe von Frankfurt und arbeitete am Olympiastützpunkt. Die Arbeitsstätte überraschte Frank, er hatte herausgefunden, dass dort keine Fußballaktivitäten betreut wurden, und das passte nicht zu Richie. Der war immer ein Fußballverrückter gewesen und dabei ein hochtalentierter Spielerscout. Er konnte an diesem Arbeitsplatz kaum glücklich sein. Frank musste zu ihm unbedingt Kontakt aufnehmen. Richie war der richtige Mann für seine Pläne und für ein Pilotprojekt. Er suchte Telefonkontakt.

Er wartete ungeduldig darauf, dass die Zentrale das Gespräch zu Richie durchstellte.

Sein Warten wurde belohnt. Richard Finz war in der Leitung.

»Richie, hier ist Frank, Frank Schaaf. Es ist schön, dich an der Strippe zu haben.«

Es trat einen Moment Stille ein. Richie war perplex. In seinem Hals stauten sich Frösche, und er musste sich räuspern. Erst dann fühlte er sich in der Lage, zu antworten: »Frank, du, das ist eine Überraschung! Wie komme ich nach so langer Zeit zu dieser Ehre? Für mich war unsere gemeinsame Zeit irgendwie abgehakt. Aus den Augen, aus dem Sinn, meine ich.«

Frank Schaaf lachte gequält. »Nun, ich bin weder schreibfreudig, noch klebe ich an alten Zeiten. Dafür läuft mein Leben einfach zu schnell. Aber gute Typen vergisst man nicht. Man erinnert sich besonders an sie, wenn man etwas zu bieten hat. Und das habe ich.«

»Das ist mehr, als man erwarten kann«, antwortete Richie trocken. »Also, was kann ich tun?«

Frank berichtete so kurz wie möglich von seiner Aufgabe und schloss nahtlos daran an, welche Rolle Richie in seinen Plänen spielen sollte. »Dass du in einem Olympiastützpunkt ohne Fußball arbeitest, spricht nicht dafür, dass du noch der gleiche Fußballverrückte wie früher bist. Du warst doch auf den Ball so hungrig wie ein Säugling auf die Titten seiner Mutter. Wie ist es zu der Änderung gekommen? Hat dich eine schöne Frau sesshaft gemacht?«

Richie fühlte sich von den Neuigkeiten und Fragen überrumpelt. Es war schon komisch, dass gerade in dem Moment, wo er selbst mit seiner Situation haderte, solche Vorschläge kamen. Er antwortete zuerst auf die letzte Frage: »An die Leine habe ich mich noch nicht legen lassen. Ich stehe eher davor, eine zart gewachsene Bindung wieder zu kappen. Nun zur ersten Frage: Mein Job war der beste, den ich hier kriegen konnte. Vom Fußball bin ich trotzdem nicht geheilt. Ich schiele schon länger nach einer interessanten Alternative. Du kommst in keinem ungünstigen Moment.«

»Dann lass uns gleich Nägel mit Köpfen machen, bei mir ist Eile geboten. Man erwartet schnellen Erfolg von mir. Hast du noch ein paar Tage Urlaub? Wenn ja, komm her und schau dir alles mal an. Dann können wir auch Details bereden. Allein, sich dieses Land einmal anzuschauen, lohnt sich. Das ist nicht Afrika, Richie. Dir werden die Augen übergehen. Deine Aufwendungen gehen natürlich zu unseren Lasten …«

»Achtung, Überfall!«, tönte Richie ins Telefon und lachte. Aber das war keine Absage, er dachte schon krampfhaft darüber nach, wie er diesem Vorschlag folgen könnte. »Frank, ich bin interessiert. Gib mir einen Tag, um alles zu überdenken. Dann hörst du von mir.«

»Das hört sich gut an. Gib dir einen Ruck, ich brauche dich und würde mich freuen, dich bald wiederzusehen.« Danach war nichts mehr zu sagen. Die Freunde beendeten nach dürren Grußworten das Gespräch.

Raum Frankfurt

Richie Finz saß gedankenverloren in seinem Büro. Es war längst nicht so komfortabel eingerichtet wie das von Frank Schaaf. Seine grauen Zellen arbeiteten unentwegt. Das Gespräch mit Frank hatte ihn aufgewühlt.

Er hatte Schmetterlinge im Bauch und Blut geleckt. Seine Arbeitssituation ließ ihm die Möglichkeit, Urlaub zu nehmen. Das Finanzkonzept war fertiggestellt und vorgelegt. Es ging nun seinen Gang. Die Gremien, die darüber befinden mussten, tagten nur sporadisch, die Entscheidung würde also auf sich warten lassen. Richie hatte auch genügend Urlaubstage angesammelt, um die Reise anzutreten. Ein kurzer Anruf in der Personalabteilung bestätigte seine Einschätzung. Die Ampel stand auf Grün.

Nun dachte er an zuhause. Mira würde vielleicht Stress machen. Sie erwartete von ihm, dass er seine freien Tage für gemeinsame Urlaube mit ihr aufsparte, als Liebesbeweis quasi. Mit ihr zu diskutieren konnte wie russisches Roulette ablaufen, Roulette mit vollem Magazin! Er wusste, dass er irgendwann nicht mehr darum herumkam, Klarheit über seine Gefühle und seine Zukunftspläne zu suchen. Er wollte ein solches Gespräch aber noch hinauszögern. Ihm war zurzeit nicht nach Konflikten, er suchte nach Ausflüchten.

Richie hatte sich dafür bald eine Geschichte zusammengereimt, die vorzeigbar erschien: Ein früherer Kollege leitet in Katar ein großes Sportförderprogramm. Darüber soll ein Symposium stattfinden. Ich bin dazu wegen meiner Kenntnisse eingeladen, und zwar bei Übernahme aller Kosten. Der Olympiastützpunkt begrüßt meine Teilnahme.

Richie war schon länger aus dem Fußballbereich ausgestiegen. In dieser schnelllebigen Zeit musste er sich deshalb kundig machen, auf welche Rahmenbedingungen er heute beim Scouting treffen würde. Er war so heiß auf die Reise, dass er sofort mit Recherchen begann. Und wirklich, die FIFA hatte restriktive Richtlinien für unter achtzehnjährige Fußballer in Kraft gesetzt. Richie analysierte sie und fand heraus, welcher Spielraum blieb. Nach § 19 des Reglements bezüglich Status und Transfer von Spielern konnte ein Transfer in ein anderes Land stattfinden, wenn die Eltern des Jungen, aus Gründen, die nichts mit Fußball zu tun hatten, dorthin einen Wohnsitzwechsel vornahmen. Dies ließ ihm auf den ersten Blick keine Möglichkeit für sein Vorhaben. Nach einiger Suche fand er jedoch Umgehungsmöglichkeiten. Der Begriff Eltern wurde zwar eng ausgelegt, nahe Verwandte kamen statt ihrer nicht in Betracht. Ein Vormund wurde allerdings Eltern gleichgesetzt. Er oder jemand anders musste also mit Billigung der Eltern Vormund des jungen Spielers werden. Es war auch nicht schwer, einen Grund für den Ortswechsel anzugeben, der nichts mit dem Fußball zu tun hatte, einen beruflichen Standortwechsel des Vormunds eben. Das waren für seine Pläne »good news«. Er musste trotzdem den Kopf schütteln. Gab es wirklich keine Möglichkeit, eine Regelung so zu treffen, dass sie Umgehungen unmöglich machte? Das Millionengeschäft mit minderjährigen Talenten zog eben viele zwielichtige Akteure an. Sie verbargen sich hinter der Schutzbehauptung, junge Spieler seien Risikoanlagen und besonders gefährdete »Pennystocks«, die, wenn sie denn mal einschlugen, eine außergewöhnliche Rendite rechtfertigten. Ihnen wollte er es jedenfalls nicht gleichtun. Er wollte seinem »Findling« durch sein Tun auf jeden Fall eine faire und bessere Zukunft verschaffen!

Für das Gespräch mit Frank wollte er bereits entschieden haben, in welchem Land er den Spieler suchen würde. Er legte sich auf Kamerun fest. Kamerun hatte sich von den afrikanischen Mannschaften am häufigsten für die Fußballweltmeisterschaft qualifiziert, insgesamt sieben Mal. Es hatte viermal den Afrika-Cup gewonnen, zuletzt 2017. 1990 erreichte das Team in Italien das Viertelfinale der Weltmeisterschaft. Das Land hatte Ausnahmespieler hervorgebracht. Richie dachte sofort an Samuel Eto'o, der zwischen 1997 und 2014 Kameruns wichtigster Angriffsspieler gewesen war und 56 Tore geschossen hatte. Kameruns größere Erfolge traten nur in größeren Abständen ein. Das schrieb Richie allein der Schwäche der Verbandsführung zu. Nach der Weltmeisterschaft 2014 in Südafrika hielten sich sogar hartnäckig Gerüchte über Spielmanipulationen. Die Betrugsvorwürfe betrafen die drei Vorrundenspiele. All das war jedoch keinesfalls ein Indiz dafür, dass die Anzahl der befähigten Straßenfußballer abgenommen hatte. Auf den staubigen Sandplätzen in den Armenvierteln wollte Richie suchen. Vereinbarungen mit Eltern, wenn die Kinder bereits Vereinsmitglieder waren, würden schwieriger zu treffen sein. Funktionäre mischten dann mit. Ihn reizte es, Kamerun zu erkunden, und er freute sich darauf, sein Französisch wieder gebrauchen zu können.

Das Gespräch mit Mira lief besser als erwartet. Sie nahm ihm seine Geschichte nicht nur ab, sondern sah in der Einladung und der Zustimmung des Olympiastützpunkts nur Positives. »Ich freue mich, dass deine Befähigung anerkannt wird. Das kann deiner Karriere nur förderlich sein. Ich drücke dir beide Daumen, mein Schatz.«

Richie wurde nachdenklich, als sie noch anfügte: »Vielleicht nutze ich die Woche und fliege mit Barbara nach London. Da will ich schon länger hin.«

Er hatte wohl überschätzt, wie wichtig ihr das gemeinsame Verreisen mit ihm war.

Die Abklärungen waren damit erledigt, und Richie beschloss, am nächsten Morgen einen E-Mail-Austausch mit Frank zu starten. Er war reisebereit!

Stippvisite in Doha

Am nächsten Morgen setzte er eine E-Mail an Frank Schaaf ab:

Lieber Frank,

ich habe deinen Vorschlag überdacht und bin zum Schluss gekommen, dass er mich sehr reizt. Mit meinem Arbeitgeber und mit meiner Gefährtin Mira bin ich einig und kann kurzfristig nach Doha kommen. Von Frankfurt geht ein Direktflug der Lufthansa: Abflug Frankfurt 12:50 Uhr, Ankunft Doha Ortszeit: 19:45 Uhr. Ich könnte bereits am kommenden Samstag fliegen. Ich würde Business Class buchen. Die eine Stunde Zeitunterschied verursacht keinen Jetlag, also ist erste Klasse für einen Gesundheitsschlaf nicht notwendig. Lass mich schnell wissen, ob das okay ist. Schreib bitte, wie lange du mich dorthaben willst. Gib mir auch Tipps für den Aufenthalt.

Bis bald, Richie.

Frank musste schon im Büro gewesen sein, unter Berücksichtigung des Zeitunterschieds kam seine Antwort prompt:

Lieber Richie,

ich freue mich über deine Zusage. Ich habe keine Zweifel, dass wir uns einigen werden und du für unser Nachwuchsteam eine »schwarze Perle« finden wirst. Du solltest für den Aufenthalt eine Woche einplanen. Dieses Land ist anders als die Staaten Europas oder auch Afrikas. Du musst es kennenlernen, schon um motiviert zu sein, beim Aufbau unserer neuen Strukturen mitzuhelfen. Dein Ankunftsdatum passt in meine Terminplanung. Ich werde am kommenden Samstag am Hamad International Airport sein und dich abholen. Als Hotel werde ich für dich das höchste Gebäude

*Katars, den Torch Tower, buchen. Er wurde für die Asienspiele 2006 erbaut.
Die Fackel, wie man ihn wegen seiner Form nennt, ist ein Fünf-Sterne-Designhotel. Es hat einen unvergesslichen Panoramablick. Aus dreihundert
Meter Höhe kannst du aus dem Drehrestaurant Three Sixty Doha und sein
Umland bestaunen. Ein Steinwurf entfernt präsentiert sich Villaggio, das
größte Einkaufszentrum der Stadt. Es ist durch einen Gehweg mit dem Hotel verbunden. Bis zu meinem Arbeitsplatz in der Aspire Academie ist der
Weg ebenfalls kurz. Wir werden genug Zeit haben, um alles gründlich zu
bereden. Natürlich werde ich dich auch bei deinen touristischen Streifzügen
begleiten. Denk daran, wir haben Sommerzeit. Es kann bis zu fünfzig Grad
heiß werden. Bring leichte Kleidung mit. Die sollte für alle Möglichkeiten
passen. Ich möchte dich auch dem Scheich vorstellen, da wird es formell.
Also bis bald, herzliche Grüße aus der Hitze, Frank.*

Franks E-Mail versprach Richie nach dem Einheitstrott der letzten Jahre
viel Aufregung. Er buchte den Flug und reservierte einen Fensterplatz, um
ja alles sehen zu können. Dann fuhr er nach Frankfurt, um auf der Zeil
seine Sommergarderobe zu vervollständigen. Die drei Tage bis Samstag
ließen ihn ungeduldig werden.

Es war ein gutes Zeichen, dass Mira anbot, ihn zum Flughafen zu fahren. Sie konnte die Fahrt in ihre Mittagspause legen. Ihre Hilfsbereitschaft
machte ihn etwas schuldbewusst. Das legte sich erst wieder, als er von ihr
erfuhr, dass sie wirklich mit Barbara nach London fliegen würde.

Der Abschied am Flughafen offenbarte wenig Schmerz auf beiden Seiten.
Weder Mira noch Richie waren traurig über die Trennung. Die Umarmung und der Kuss fielen spröde aus. Mira drehte sich sofort um und
ging, ohne noch einmal zu ihm zurückzuschauen.

Einchecken und Boarding verliefen ohne Probleme und pünktlich.

Richie erhielt den Fensterplatz in der zehnten Reihe. Neben ihm saß ein
Ehepaar, das genauso schlank war wie er. Niemand lappte über, er würde
seinen Sitz für sich haben. Er beobachtete, wie Frankfurt langsam aus dem
Blickfeld verschwand. Als die Anschnallzeichen erloschen, holte er seinen

kleinen Recorder und die Headset-Hörer hervor. Er hatte einen Bericht über Katar und speziell Doha überspielt. Ihn wollte er nun hören, um sich ein wenig auf sein Reiseziel vorzubereiten. Was er erfuhr, versuchte er in seinem Gehirn zu speichern:

- Katar ist pro Einwohner das reichste Land der Welt und wird es dank der riesigen Gas- und Erdölvorkommen noch lange Zeit bleiben. Es exportiert täglich mehr als 73 Millionen Tonnen Gas. Katar liegt am Persischen Golf, an der Ostküste der Arabischen Halbinsel, wird als absolute Monarchie geführt, Staatsreligion ist der Islam und die Scharia die Hauptgesetzesgrundlage. Der derzeitige Herrscher heißt Scheich Tamim bin Hamad al-Thani.

Als Nächstes wurde der Flughafen vorgestellt. Hierüber kamen die meisten Gäste ins Land. Er wurde deshalb als »besondere Willkommensvisitenkarte« konzipiert:

- 24 Millionen Fluggäste per anno hatten den alten Flughafen Doha International Airport zu klein werden lassen. Deshalb begann man 2007 vier Kilometer weiter östlich mit dem Bau eines neuen. Er wurde 2014 eröffnet. Der Hamad International Airport wurde auf einer künstlich erweiterten Halbinsel errichtet, ist von einem eigenen Hafen aus über die See zu erreichen, aber auch durch Straßenanbindung mit einer Fahrzeit von etwa zwanzig Minuten bis Doha City.

Der Komplex besticht durch lichtdurchflutetes, edles Design. Eine große Shoppingzone, Fitnessräume und Spa-Bereich mit Pool versetzen die Gäste in eine Luxuswelt.

Der Airport kann von beiden Seiten über das Meer angeflogen werden, was die Lärmbelästigung über der Stadt enorm verringert.

Die Bebauungsfläche beträgt zurzeit etwa 3600 Hektar und damit fast ein Drittel der sonstigen Stadtfläche. Überall sind große Skulpturen zu sehen, von denen der Teddybär des Schweizer Künstlers Urs Fischer die prominenteste ist. Der gelbe Riese mit seinen 16 Tonnen Gewicht und 7 Meter Höhe erregt viel Aufmerksamkeit.

Der Check-in-Bereich, die Sicherheitskontrolle, die Gepäckausgabe und die Passkontrolle werden mit minimalen Wartezeiten gemanagt. Selbst dort werden den Fluggästen noch Erfrischungsgetränke serviert.

Über die Hauptverkehrsstraße, die Doha Corniche, hatte Richie schon einiges gehört:

- Diese berühmte Strandpromenade mäandert in der Bucht von Doha über 6 Kilometer am Meer entlang. An ihr liegen zahlreiche Luxushotels und öffentliche Parks, aber auch das Museum für islamische Kunst, die National Bank sowie der Palast des Emirs. Sie verbindet das Geschäftsviertel mit dem Süden der Stadt. Von hier aus sieht man auf zahlreiche hohe Bürotürme. In den Abendstunden zeigen sich die Hochhäuser malerisch angestrahlt.

Besondere Erwähnung erfuhren die Luxushotels, Einkaufsmalls, Cafés und Restaurants auf der Pearl:

- Dieses attraktive Wohngebiet, circa 10 Kilometer nordöstlich der City, wird auf einer künstlichen Insel von 400 Hektar immer noch weiter ausgebaut. Man findet den Baustil der Provence und der Toskana. Eine Vielzahl von Anlegestellen für die Yachten der Anwohner ist genauso vorhanden wie Schulen, Kindergärten sowie andere Gebäude des Sozialbereichs. Sie sind für bis zu 30 Tausend Menschen ausgelegt. Ob da wohl auch Frank seine Wohnung hatte?

Die Altstadt Dohas wurde als Musterbeispiel für Tradition gepriesen:

- In Souq Waqif spielt sich das normale Leben der Katarer ab. Kleine Geschäfte in verwinkelten Gassen präsentieren unzählige orientalische Waren wie Gewürze, Gold, Parfums, Teppiche und Handarbeiten. Die engen Gassen durchströmt der Duft von Weihrauch, Parfum und katarischen Speisen. Unzählige Restaurants und Cafés mit arabischer, europäischer und asiatischer Küche laden zum Verweilen ein. Katars Boomjahre machten allerdings auch vor dem traditionellen Souq nicht halt. Viele alte Geschäfte wurden abgerissen und durch moderne ersetzt.

Mit großem Interesse hörte Richie die Beschreibung des Aspire-Komplexes, Frank Schaafs Arbeitsstätte:

– Die Aspire Academie, das weltweit größte Trainingszentrum für Sportler, liegt westlich der Hauptstadt. Sie wurde 2004 eröffnet, und man schätzt die Gestehungskosten auf eine Milliarde US-Dollar. Viele Fußballfelder sowie Tennis- und Squashplätze, Laufbahnen, verschiedene Sporthallen, Laboratorien, Krafträume und Wohnheime für bis zu 1000 Sportler und ein olympisches Schwimmzentrum sind vorhanden. Ein Indoor-Sportstadion, das rund 15 Tausend Zuschauern Platz bietet und mit seiner überbauten Fläche zu den größten vergleichbaren Anlagen der Welt zählt, wird sportartenübergreifend genutzt.

Richie rauschte von den vielen Fakten der Kopf. Er beschloss die Informationstortur fürs Erste zu beenden. Er nahm die Kopfhörer ab, legte sich zurück und versuchte ein wenig zu schlafen. Das gelang ihm schon nach einigen Minuten.

Der Geräuschpegel hatte sich irgendwie verändert. Richie wachte auf. Neben ihm im Gang stand der Servicewagen, und die Flugbegleiterin klapperte mit Gerät. Er sah auf seine Armbanduhr. Er hatte eine Dreiviertelstunde geschlafen.

Die Stewardess bot ihm mit einem Lächeln 2 Menüs zur Auswahl an. Er bestellte Huhn asiatisch auf Reis und Gemüse, dazu bat er um ein kaltes Bier. Während die hübsche Frau seine Bestellung aus den Wagenfächern zusammensuchte, klappte er den kleinen Esstisch vor sich herunter. Er freute sich über die Abwechslung und hatte richtig Hunger und Durst.

Neugierig schaute er zu dem Paar neben sich. Es war schon vor ihm bedient worden. Es hatte im Gleichklang das »gesündere« Gericht gewählt: Pasta vegetarisch! Er musste grinsen, die Harmonie in der Essensauswahl sprach für eine gewisse Monotonie in der Ehe. Er aß langsam und kaute gründlich. Als er mit der Mahlzeit fertig war, wartete er nicht untätig auf das Abräumen oder den Kaffee, sondern beschloss, die Reiseinformationen weiterzuhören. Er war inzwischen bei den Tipps für die Freizeit angelangt:

- Das Kulturzentrum Fanar und die Moschee liegen nahe bei der Corniche. Die Moschee ist von innen sehenswert, aber hervorzuheben ist die einzigartige Bauweise ihres Minaretts, welches als eines der Wahrzeichen von Doha gilt.
- Das Museum für islamische Kunst wurde auf einer künstlich aufgeschütteten Insel errichtet. Es enthält eine Sammlung von Exponaten aus den Bereichen Textilien, Keramik, Waffen und alte Bücher. Die Sammlung hat einen Ruf von Weltgeltung.

Besonderes Interesse fanden bei Richie die Exkursionen in die Natur:

- Eine Hochgeschwindigkeitsfahrt mit dem Jeep über die Sanddünen, natürlich unter nächtlichem Sternenhimmel und mit anschließendem Barbecue in der Wüste, ist ein Muss jeder Katarreise!
- Gleichzusetzen sind Kamelrennen, der Inbegriff von Moderne und Tradition. Die Kinderjockeys werden inzwischen, um Kinderarbeit zu vermeiden, durch funkferngesteuerte Jockeyroboter aus Titan ersetzt!
- Etwa 40 Kilometer vor der Stadt trifft man auf die berühmten singenden Sanddünen. Seltsame tiefe Töne bieten ein fantastisches Naturerlebnis. Die ungewohnten Geräusche entstehen, wenn sich eine Sandlawine aus einem Sandberg löst und sich in ihr unzählige Sandkörner abwärtsbewegen. Wind, Feuchtigkeit und Sandbeschaffenheit müssen exakt harmonieren, um die Wüstenmusik zum Klingen zu bringen!
- Die Corniche ist der beliebteste Startpunkt für Ausfahrten mit der Dau, dem alten arabischen Holzboot. Diese Schiffe liegen dort zuhauf vor Anker, und ihre Eigner warten mit unendlicher Geduld auf Kunden. Mit ihnen empfiehlt sich ein Angeltrip genauso wie das Erforschen der vielen Buchten mit schönen Einblicken.
- Richie war begeistert von diesen Angeboten, doch er ermahnte sich: Ich bin zum Arbeiten hier. Hier soll mein Leben neuen Schwung aufnehmen. Erst der Dienst und dann der Schnaps!

Zum Schluss kamen noch einige Ratschläge, welche Verkehrsmittel man während des Aufenthalts benutzen solle:

– Die Distanz zwischen den wichtigen Bereichen ist recht groß und nur schwierig mit öffentlichen Verkehrsmitteln zu erreichen. Man benutzt deshalb am besten Taxis oder nimmt sich, wenn es um einen Tag oder mehrere geht, einen Chauffeur mit Wagen.

Richie entschloss sich, hier abzuwarten, was Frank für ihn im Sinn hatte.

Er beschäftigte sich in den nächsten Stunden mit seinen neuen Berufsplänen. Die Zeit verrann »wie im Flug«!

Eine halbe Stunde vor der angegebenen Landezeit setzte in der Kabine Unruhe ein. Die Lichtzeichen über den Toiletten standen ständig auf Rot. Es dauerte nicht lang, dann wurden die Fluggäste aufgefordert, auf ihren Sitzplätzen zu bleiben und die Toiletten und Waschanlagen nicht mehr aufzusuchen. Die Maschine sollte pünktlich in Doha landen. Das Wiedersehen mit Frank Schaaf rückte immer näher.

Beim Landeanflug bewährte sich Richies Fensterplatz. Der Flughafenkomplex sah futuristisch aus. Er lag mitten im Wasser und war nur mit einer auf Sand aufgeschütteten Straße und anschließender Brückenkonstruktion mit dem Stadtgebiet verbunden. Die Flughafengebäude sahen von oben wie ein übergroßes Flugzeug aus.

Der Airport von innen wurde für Richie zum Fünf-Sterne-Erlebnis. Anders als in den ihm bekannten Flughäfen gab es keine Schmuddelecken. Alles war neuwertig und glänzte vor Sauberkeit. Der Fußboden genauso wie die vielen Stahlkonstruktionen und Möbel. Das Licht in den Hallen war angenehm, selbst dort, wo nur indirekte Beleuchtung herrschte. Besonders beeindruckend waren die rund gebogenen, türkis schimmernden Fensterfronten, die den Blick nach draußen auf Flugzeuge, den Strand und das Meer zuließen.

Alles war auf die Bequemlichkeit der Gäste ausgerichtet: einladende Designersitzmöbel, beleuchtete Laufbänder und Rolltreppen sowie unzählige Gepäckwagen. Ein Shoppingbereich mit offenen Verkaufsständen für Modeartikel, Schmuck, Alkohol, Kosmetik, Tabak und andere Luxusgegenstände, aber auch eine Dependance von Harrods, angestrahlte Luxuskarossen und Werbefilme in Riesengröße an die Wand geworfen, reizten zu Kauf und Konsum. Schon die Luft roch teuer! Eine Restaurantzeile mit vielen internationalen Angeboten regte alle Sinne an. Richie bewunderte natürlich den riesigen gelben Teddybären.

Die Passkontrolle und die Gepäckausgabe verliefen so schnell und unkompliziert, wie er es in den Informationen gehört hatte. Er wurde höflich auf die Möglichkeit hingewiesen, als Deutscher ein dreißigtägiges Visum zu erhalten, und beantragte es vorsorglich.

Am Meeting Point sah er Frank. Er erkannte ihn sofort. Gesicht und Statur waren unverändert. Er war braungebrannt, trug ein hellblaues Polohemd, eine beigefarbene Leinenhose und Leinenschuhe. Er strahlte immer noch die Selbstsicherheit von Leuten aus, bei denen alles nach Wunsch verlief. Frank winkte ihm zu und eilte ihm entgegen. Die beiden Männer umarmten sich herzlich.

»Schön, dich hierzuhaben«, begrüßte ihn Frank fröhlich. »Deinen Baumwollpulli solltest du besser sofort ausziehen. Außerhalb der klimatisierten Räume wird es brütend heiß.«

»Das mache ich sofort«, antwortete Richie. »Unsere Begrüßung soll nicht im Schweiße des Angesichts ablaufen.« Beide lachten.

»In meinem Wagen hast du wieder Kühlung.« Frank nahm ihm eine Reisetasche ab und ging los.

Nun sah Richie das spektakuläre Terminalgebäude auch von außen. Mit seinem wellenförmig geschwungenen Dach wirkte es großzügig und vermittelte das Gefühl von Aufbruch.

»Auf dem Nebenareal befindet sich das Royal Emiri Terminal, es ist nur für den Emir, seine Familie und seine VIP-Gäste bestimmt«, erklärte ihm Frank. »Seine Form ist eine moderne Interpretation eines Beduinenzeltes, du kannst es leider nur von fern sehen, die Zufahrt ist normalen Sterblichen nicht gestattet.« Dann verwies er auf das Airporthotel: »Es hat über zweihundert Betten, einen Spa-Bereich und sogar eine Moschee.«

Richie war beeindruckt. Schließlich standen sie vor Franks Wagen. Es war ein schneeweißer Mercedes SUV.

»Mein Dienstwagen«, sagte er stolz. Beim Starten klang er leise, kein Röhren, nur ein Schnurren. Die Hitze von draußen wich schnell der Kühlung der Klimaanlage.

Es war mittlerweile 20:45 Uhr. Die Dämmerung hatte schon eingesetzt. Bald erschloss sich ihnen ein atemberaubender Blick auf die Skyline von Doha. Die Wolkenkratzer waren angeleuchtet und schimmerten in ihren unterschiedlichen Konturen und Farben um die Wette. Vor diesen Riesen tanzten viele Lichtpunkte auf dem dunklen Meer.

»Ich bringe dich erst einmal zu deinem Hotel«, meinte Frank. »Da kannst du in Ruhe einchecken, und dann schließen wir deinen ersten Abend im Panoramarestaurant des Hotels bei einem gemütlichen Imbiss ab. Was hältst du davon?«

»Aha, du wartest gleich mit einem Highlight auf: 360 Grad – Panoramablick aus 300 Meter Höhe im Three Sixty Restaurant«, zeigte Richie sein Wissen.

Frank lachte schallend. »So kenne ich dich, mein Lieber, immer gut vorbereitet. Du hast dich also nicht geändert. Das Hotel liegt übrigens wie meine Arbeitsstätte in der Stadt Ar-Rayyan westlich von Doha. Diese Stadt ist eigentlich nur noch eine Vorstadt, denn bei dem atemberaubenden Tempo, in dem hier gebaut wird, wächst sie heute schon mit Doha zusammen.«

Als sie sich dem Hotel näherten, sah Richie, wie berechtigt der Name Fackel war. Der sich nach oben verjüngende, in Lila getauchte Hotelturm schloss an seiner Spitze mit einer orangefarbenen Flamme ab.

Ein freundlicher Portier öffnete ihnen die gläserne Eingangstür. Trotz der Dunkelheit draußen war die Empfangshalle ansprechend hell. Große Blumengebinde leuchteten ihnen als Willkommensgruß entgegen. Am Empfangsdesk warteten attraktive Frauen auf sie.

»Ich habe dir eine Juniorsuite mit allem Schnickschnack bestellt, du brauchst nur einzuchecken«, erklärte Frank.

Richie musste nur seinen Reisepass übergeben, von ihm wurden alle erforderlichen Daten kopiert und übernommen. Er bot seine Kreditkarte an, »für die Extras«, meinte er.

Die junge Frau wies dies höflich zurück. »Alle Kosten werden übernommen«, erklärte sie freundlich in perfektem Englisch. Sein Gepäck dirigierte sie auf Zimmer 311 und gab Richie die Zimmerkarte und ein Prospekt.

»Von deinem Zimmerfenster aus kannst du den Aspire Dome mit seinem futuristischen blauen Dach sehen. Dort arbeite ich. Mein Büro ist nur fußläufig entfernt«, erklärte Frank.

Richie überflog das Prospekt schnell: Juniorsuite, Nichtraucher, 76 Quadratmeter, ein großes Living und ein Schlafzimmer mit King Size Bed.

»Da hast du dich ja selbst übertroffen«, wandte er sich an Frank.

»Ich will von dir ja auch eine Gegenleistung«, antwortete der lachend. »Kommst du mit einer halben Stunde aus, um dein Zimmer zu beziehen und dich etwas frisch zu machen?«

»Klar doch.«

»Dann warte ich hier auf dich und wir fahren mit dem Lift gemeinsam hoch ins Restaurant, okay?«

»Okay, ich spute mich«, antwortete Richie.

In der Suite packte er fürs Erste nur das aus, was besser hängen sollte, Sakkos, Hosen, Hemden. Den Rest wollte er später versorgen. Er nahm den Kulturbeutel mit ins Badezimmer, rasierte sich und machte sich frisch. Er zog ein neues Hemd an und legte ein Leinensakko bereit, das zur Jeans passte, die er trug.

Als er wieder in das Wohnzimmer trat, fiel sein Augenmerk auf ein Tablet. Daneben lag eine Gebrauchsanweisung, die ihn neugierig machte. Er überflog die Anleitung schnell. Man konnte mit dem Gerät unter anderem den Fernseher bedienen, die Vorhänge öffnen und schließen, die Farbe und Intensität der Innenbeleuchtung in 12 Farbtöne ändern, aber auch Zimmerservice bestellen und Tische in den verschiedenen Restaurants reservieren. Die Maschine war ein echtes Wunderding!

Ein Blick aus dem Fenster gab ihm einen ersten Eindruck von den vielen Sportanlagen in der Aspire Zone.

Während sie mit dem Lift zum Restaurant hinauffuhren, erklärte Frank, was sie dort erwarten würde: »Heute steht das Essen unter dem Motto *Land und Meer*, du magst doch Fisch und Fleisch?«

»Ich mag beides gern, bin aber nach dem Flug so faul, dass ich schlichtweg deinen Empfehlungen folgen werde«, antwortete Richie und grinste ihn erwartungsfroh an.

Sie bekamen einen Tisch direkt an der Fensterfront. Der Blick auf das Lichtermeer der Stadt war fulminant. Bald bemerkte Richie die dauernden Veränderungen des Blickfeldes. Die Restaurantkuppel drehte sich wirklich, wenn auch nur langsam.

Frank übernahm das Bestellen: Als Appetizers orderte er für sie beide »Ein Trio von Buscettas«, eins mit sautierten Waldpilzen, eins mit Gänseleber und Mangosauce sowie eins mit gebeiztem Wildlachs. Für den Hauptgang einigten sie sich auf »Duo von Lobster und Rind« mit Reis und gedünstetem Gemüse.

»Das ist geschmacklich rein und sauber, die Zubereitung belässt allen Teilen den natürlichen Geschmack«, bekräftigte Frank seinen Vorschlag.

Bei der Auswahl von Desserts streikte Richie: »Hierauf möchte ich verzichten. Ich will heute Nacht unbeschwert schlafen.«

Sie einigten sich auf einen abschließenden arabischen Mokka, den sie jedoch erst später bestellen wollten.

Die beiden Gänge kamen zügig, und die Freunde begannen schon während des Essens miteinander zu reden. Zu lange hatten sie sich nicht gesehen.

»Warum hast du dich gerade auf mich besonnen?« Richie benutzte das Abfragespiel, welches Männer so gern als Gesprächsgerüst gebrauchten.

»Ich halte eben große Stücke von dir. Außerdem mögen die Scheichs deutsche Qualität und Gründlichkeit, und du kannst mir ein bisschen Bindung nach zuhause geben.«

»Sie haben recht, im Fußball sieht die Zukunft ziemlich deutsch aus. Warum arbeitest du denn nicht ›zuhause‹, wenn du es vermisst?«

»Ich habe den Traum noch nicht aufgegeben, in relativ kurzer Zeit so viel Geld zu verdienen, dass ich einer Frau ausreichend Sicherheit bieten und eine Familie gründen kann. Darum bin ich hier.«

»*Wer kämpft, kann verlieren. Wer nicht kämpft, hat schon verloren.* Bertolt Brecht«, schloss Richie ihr Wortduell.

»Mein Gott, Richie, du zeigst ja ungeahnte Kenntnisse. Aber Gegenfrage: Was hat dich in die Heimat zurückgetrieben, und das noch in einen Beruf außerhalb des Fußballs?«

Richie zögerte kurz, bis er die richtigen Worte gefunden hatte: »Bei mir kam vieles zusammen. Ich war zuletzt in Kenia, dann setzten dort Unruhen ein, Verträge zählten nichts mehr, Leib und Leben waren gefährdet. Das nahm die Freude, sich dort weiter für Fußball zu engagieren. Als nächste Station kam für mich nur Deutschland infrage. Ich suchte Sicherheit und wollte auch meine Muttersprache nicht vergessen. Frankfurt bot sich an, dort ist schließlich der Deutsche Fußball-Bund zuhause. Doch es zeigte sich schnell, wer über längere Zeit im Ausland sein Glück sucht, lässt zuhause die Zurückgebliebenen vorbeiziehen. Im Bereich Fußball war kein geeigneter Posten für mich frei. Ich suchte also einen Einstieg über andere Sportarten. Ich musste schnell wieder arbeiten, denn ich brauchte Geld. Ich hatte in Kenia keine Reichtümer angesammelt. Dann kam Mira noch hinzu. Liebe auf den ersten Blick. Sie erwartete meine Entscheidung für Frankfurt und einen vernünftigen Beruf, bevor sie bereit war, sich mit mir einzulassen.«

»Und warum bist du nun bereit, das alles wieder aufzugeben?«

Richie nahm einen Bissen Lobster in den Mund, das gab ihm Zeit, seine Antwort zu überlegen. Schließlich war er sich darüber selbst nicht ganz im Klaren. Dann begann er: »Du weißt, ich bin ein unruhiger Geist. Nun, nach einigen Jahren, geht mir dieser stetige Gleichklang des Berufs auf die Nerven. Ehrlich gesagt werden auch in den Gefühlen zu Mira Abnutzungserscheinungen spürbar. Ich bin wohl doch nur ein ›lonely wulf‹ und suche einen Fluchtweg.«

Frank blieb einen Moment stumm, dann erwiderte er: »Aber ich möchte nicht als Fluchthelfer dastehen.«

»Dann nenne ich dir noch einen anderen Grund: Auch mich treibt dein

Traum, in kurzer Zeit viel Geld zu verdienen. In den letzten Jahren haben sich die Honorare auf unserem Markt verdoppelt. Gerade erst wurden 7 Millionen Dollar für die Vertragsverlängerung eines neunzehnjährigen Spielers bezahlt.«

»Beraterwahnsinn!«

»Das kommt darauf an, was man bietet. Ich sehe meine Aufgabe nicht nur als Spielerscout, sondern gleichzeitig als Spielervermittler. Natürlich werde ich dabei nicht die üblichen Tricks anwenden und Interessenten gegeneinander ausspielen, um meinen Profit zu maximieren. Ich werde loyal nur *eine* Aufgabe verfolgen und das für *einen* Auftraggeber.«

»Ich bezweifle deine Zahlen nicht. Aber bitte führe dir vor Augen, dass wir gewillt sind, dir ganz andere Sicherheiten zu bieten. Du wirst eine Vergütung auch dann erhalten, wenn deine Arbeit den erhofften Erfolg nicht bringt.«

Richie nickte nachdenklich. »Ich glaube, der Austausch unserer Sicht auf die Dinge reicht für heute«, suchte er ein Ende des Gesprächs. »Was hast du morgen mit mir vor?«

Frank ging geschmeidig auf den Themenwechsel ein: »Ich möchte dir morgen die Aspire Academie zeigen und bin auf deine Beurteilung gespannt. Die können wir dann morgen Abend in Souq Waqif bei einem Abendessen diskutieren.«

»Das hört sich spannend an«, erwiderte Richie.

Die beiden Männer nahmen den letzten Mokka.

»Ich schicke dir morgen früh um 9 Uhr einen Wagen, der bringt dich zu meinem Office.«

»Ich dachte, man kann dein Büro von hier aus zu Fuß erreichen.«

»Um diese Zeit ist es schon recht heiß, du wirst mir für die Autofahrt dankbar sein.«

Damit ist fürs Erste das Transportproblem gelöst, dachte Richie und fuhr nach einem kurzen Adieu mit dem Lift in seine Suite.

Er schlief tief und traumlos. Seine innere Uhr weckte ihn gegen 7 Uhr. Er stand auf, machte einige Dehnübungen, und dann ging er ins Bad. Nach dem Duschen cremte er sich mit einer Sonnenschutzcreme mit hohem Lichtschutzfaktor ein und suchte sich sportlich leichte Kleidung heraus. Sie wollten heute ja die Sportstätten erkunden.

Das Frühstück wurde im Restaurant Flying Carpet offeriert. Schon als er den Raum betrat, roch er den verführerischen Duft von Kaffee. Hinter einem Büfett standen dienstbare Geister und warteten darauf, den Gästen bei der Auswahl der Speisen zu helfen. Er nahm sich eine Schüssel mit Cornflakes, eine Platte mit frischem Obst sowie ein Glas gepressten Orangensaft. Der Kaffee wurde an den Tisch gebracht. Als man ihm auch noch eine Tageszeitung anbot, nahm er sie dankend an. Er hatte noch genügend Zeit, um kurz über die Neuigkeiten zu schauen. Etwas Wichtiges fand er nicht. Der zweite Gang fiel nicht so gesund aus wie der erste. Er wählte 2 Spiegeleier mit Speck und kleinen gebratenen Würstchen, dazu eine Grilltomate und Champignons. Er aß alles mit Appetit und genoss den Service und die Reichhaltigkeit. Das war er schon länger nicht mehr gewohnt.

Um 8:50 Uhr machte er sich auf den Weg in die Lobby. Vor der Tür wartete schon der Wagen, er erkannte ihn am Nummernschild und der Farbe. Es war Franks Dienstwagen, diesmal allerdings mit Chauffeur.

Sofort holte ihn die Hitze ein. Angenehm ist es hier wohl nur in den herabgekühlten Räumen, dachte er.

Die Fahrt bis zum Aspire Dome dauerte nicht einmal 3 Minuten. Aus dem Wagenfenster bewunderte er die Bauten entlang der Strecke.

Er machte keinen Hehl daraus, wie sehr ihm das Büro von Frank imponierte.

»Es ist eines der besten«, gab Frank zu. Ich würde sagen, nur das vom Scheich ist schöner. Hier sind mehr als 300 Mitarbeiter untergebracht. Ihre Räume sind alle nicht schlecht, bestimmt nicht schlechter als deiner im Olympiastützpunkt.« Er grinste nach diesem kleinen Seitenhieb.

Richie besah sich die Bilder der Fußballhelden. »Sogar den Kaiser hast du hier hängen. Da fällt mir ein Satz von Rehhagel ein, er ist allerdings schon etwas älter: *Franz ist wie Marlene Dietrich. Ein alternder Star, den man nach wie vor bewundern muss.*«

Frank lachte. Dann wurde er geschäftlich: »Die Verwaltungsräume können wir uns wohl sparen. Die Sportplätze draußen werden wir nur kurz ansehen, sie werden in der Sommerzeit sowieso nur in den Abendstunden genutzt. Dort bekäme jetzt selbst ein Durchtrainierter einen Schlag. Ich will dir jedenfalls nicht zu viel zumuten. Wir werden uns ein Elektrocar nehmen und mit ihm das Areal abfahren. Was hältst du davon?«

Richie war einverstanden und meinte trocken: »Hoffentlich hilft uns der Fahrtwind über das Schlimmste hinweg.«

Frank hatte vorsorglich eine Kühlbox mit kaltem Wasser eingepackt. Er wusste zur Genüge, wie schnell man sich in der Hitze danach sehnte. »Bei dieser Glut braucht der Mensch mindestens 2 Liter Wasser pro Tag«, erklärte er.

»Die Aspire Zone erstreckt sich auf mehr als zweieinhalb Quadratkilometer. 50% der Zone ist begrünt, das ist nur mit entsalztem Meerwasser möglich. Hier gibt es über 500 Palmen«, begann Frank seine Erläuterungen.

Sie fuhren zunächst zum Khalifa-Stadion. »Das entspricht der FIFA-Norm und hat 50 Tausend Sitzplätze. Es wird auch von den heimischen Clubs genutzt, genau wie das Al-Ahli-Stadion mitten in der Stadt. Du kannst den außergewöhnlichen Lichtbogen sehen, der das Stadion überspannt und bei abendlichen Veranstaltungen für ein ganz besonderes Lichterlebnis sorgt.«

Als sie weiterfuhren, machte er auf die Lauf-, Rennrad- und Reitstrecken aufmerksam: »Über 6 Kilometer Joggingbahnen, für Pferde und Radtraining jeweils circa sieben Kilometer«, erwähnte er mit Stolz in der Stimme.

Die fünfzehn Fußballfelder mit regulären Maßen beeindruckten Richie besonders. Die Gesamtfläche war gigantisch und trotz der brennenden Sonne grün. Spieler waren allerdings nicht zu sehen, dafür sorgten Platzpfleger dafür, dass die Felder in bestem Zustand blieben. Überall sprengten Wasserspender die durstigen Rasenflächen.

Insgeheim fragte sich Richie, ob die klimatischen Bedingungen diese enormen Anstrengungen rechtfertigten. Besonders wenn man in Betracht zog, dass es nicht mehr echte Katarer gab als Einwohner in einer mittleren deutschen Stadt.

An den Tennis- und Squashplätzen fuhren sie zügig vorbei. Das an seinem Rand leicht oval geformte Schul- und Wohngebäude war Franks besonderer Stolz. »Hier sind auch unsere jungen Fußballer untergebracht«, erklärte er. »Morgen wirst du einen Trainingstag von ihnen miterleben.«

Sie besichtigten den hellen Speisesaal mit seinem reichhaltigen Büfett. »Den Sportlern wird hier Vollpension geboten«, wusste Frank. »Ihre Wäsche wird täglich gereinigt, die Zimmer werden inspiziert und geputzt.«

Ein Leerzimmer konnte Richie besichtigen. Die Einrichtung war auf höchstem Standard. Freier Internetzugang, Kabelfernsehen waren vorhanden sowie ein abgetrennter Sanitärbereich und solide Möbel in Wohn- und Schlafbereich. Ein besonderer Raum bot Spielmöglichkeiten bis hin zum Tischfußball.

»Hier fehlt es an nichts«, konnte Richie nur feststellen.

Bald schaute Frank auf die Uhr und meinte: »Für draußen haben wir jetzt genug Zeit aufgewendet. Die Anlagen im Aspire Dome sind noch viel beeindruckender. Wenn wir mit allem durchkommen wollen, sollten wir jetzt draußen Schluss machen. Wir setzen uns höchstens noch kurz in den Speiseraum und trinken eine eisgekühlte Cola.«

»Das passt«, stimmte Richie zu.

An der Wand der Sporthalle im Dome empfing sie in großen Lettern ein Spruch der amerikanischen Basketballikone Michael Jordan: *Ich habe mehr als 9000 Würfe verworfen. Ich habe fast 300 Spiele verloren. 26 Mal hat man mir den entscheidenden Wurf überlassen – und ich habe versagt. Ich bin immer und immer wieder gescheitert. Und deshalb bin ich erfolgreich gewesen.*

»Einen besseren Spruch zur Motivation kann man sich nicht vorstellen«, gab Richie seinen Kommentar ab und schaute sich mit großen Augen weiter um.

Frank gab ihm schon wieder neue Informationen an die Hand: »Hier drinnen befinden sich 13 Anlagen, auf denen nebeneinander genauso viele Sportveranstaltungen durchgeführt werden können. Wir sollten uns auf die wichtigsten beschränken. Ich rede von der Leichtathletikhalle, dem Fußballplatz mit 5500 Sitzen, dem olympischen Schwimmzentrum und der Basketballhalle. Außerdem befindet sich ein Indoor-Sportstadion, das rund 15 Tausend Zuschauern Platz bietet, im Zentrum. Es gehört mit circa 250 Tausend Quadratmetern überbauter Fläche zu den größten Indoor-Anlagen der Welt. Die Volleyballhalle, die Squashcourts, die Tischtennishalle und die Multifunktionshalle sind meiner Meinung nach nicht so spektakulär. Laboratorien, Krafträume und Analysezentren sind natürlich auf höchstem Niveau ausgerüstet. Wenn du willst, kannst du dir die Dinge gesondert anschauen.«

Die Leichtathletikhalle hatte eine Zweihundertmeterbahn, eine Stabhochsprung-, Weitsprung- und Hochsprunganlage sowie eine Anlage fürs Werfen. »Hier passen immerhin 3650 Zuschauer rein«, wusste Frank.

Die beiden Becken der Olympiaschwimmhalle leuchteten im gleichen Blau wie das Dach des Domes. Das tiefe Tauchbecken wirkte etwas dunkler. Die Schwimmbahnen des anderen Beckens hatten die olympische Länge von 50 Metern. Eine große Fensterfront ließ Tageslicht herein. Das galt auch für die Fußballhalle. Überall war Betrieb.

»Indoor wird fast ausschließlich genutzt, wenn im Sommer die Wüstensonne alles verbrennt«, erinnerte Frank an die Hitze vor der Tür.

Die fortwährenden Temperaturveränderungen von drinnen nach draußen und die Vielzahl der Eindrücke, die es zu verarbeiten galt, hatten Richie geschlaucht. Deshalb kam ihm Franks Vorschlag gelegen, für heute ein Ende zu finden. Er beschloss, künftig für die gekühlten Innenräume einen leichten Pullover dabeizuhaben.

»Erhol dich ein wenig im Hotel. Ich hole dich gegen 20 Uhr ab, dann ziehen wir durch die Altstadt.«

»Und was machst du?«, wollte Richie wissen.

»Ich werde mich auch ein bisschen pflegen«, räumte Frank ein, und so gab es für Richie keinen Grund zu widersprechen.

Er ruhte ein wenig, nutzte aber auch einen Teil der Zeit, um das Gesehene zu überdenken. Er wollte Frank am Abend die erwartete Bewertung nicht schuldig bleiben.

In der Dämmerung schlenderten die beiden Freunde durch die engen Gassen der Altstadt. Mit abnehmender Hitze hatte sich das Leben nach draußen verlagert. Richie schwitzte nicht leicht, er war gut durchtrainiert, aber er musste selbst jetzt noch ein Taschentuch hervorholen und Stirn und Wangen immer wieder trocken wischen, so heiß war es noch, bestimmt über 30 °C.

Die Katarer trugen meist den Thawb, das knöchellange weiße Gewand, und dazu die Kufya, das Kopftuch der Männer. Sie rauchten die Shisha, Kinder spielten und die Frauen zeigten sich in langärmligen schwarzen Gewändern, den sogenannten Abayas, und mit dunklen Kopftüchern. Die Tücher ließen, zumindest bei den jungen Frauen, die Gesichtszüge unbedeckt. Schmuck an den Händen und lackierte Fingernägel waren, besonders bei den Jüngeren, durchaus die Regel, stellte Richie fest.

Die kleinen Geschäfte präsentierten Gewürze, getrocknete Früchte, Nüsse, Parfums, Kleidung und Schuhe, arabische Musikinstrumente sowie Weihrauch, Töpfe, Pfannen, Haustiere und vieles mehr. Der Bericht, den er im Flugzeug gehört hatte, war authentisch gewesen. Verrückte Dinge wie eingefärbte Hühnerküken gehörten zu den Verkaufsschlagern. Die Luft war voll vom Duft, der Parfums und Speisen.

Die Auslagen für Touristen waren leider immer dutzendfach zu sehen und in Richies Augen eher nur Tand. Ihre Farben leuchteten für europäische Augen zu intensiv, und individuelle Erinnerungsstücke fehlten gänzlich. Er verzichtete deshalb darauf, etwas zu kaufen. Nicht einmal für Postkarten, die es hier besonders günstig gab, hatte er Bedarf. Mira war ja nicht zuhause.

Alles wirkte sehr sauber und ausgesprochen sicher. Man hatte nicht das Gefühl, bedrängt zu werden. Polizeipatrouillen zu Pferd und mit rot-weiß karierter Kopfbedeckung ritten durch die Straßen.

»Auf mich wirkt der Souq Waqif sympathischer als die Souks in Dubai, wo man ständig angesprochen wird, ob man eine Rolex oder ein iPhone kaufen möchte. Hier laufen nicht nur Touristen herum, sondern auch Einheimische, die ganz normale Dinge kaufen. Der Markt ist ein schöner Gegensatz zur neuen Welt in West Bay oder The Pearl. Die Gegenden kennst du noch nicht, aber du kannst sie morgen Abend erforschen«, erklärte ihm Frank.

»Über Dubai kann ich nicht mitreden«, antwortete Richie.

Frank führte ihn zu einem besonderen Marktteil, auf dem Falken und Pferde angeboten wurden. Die Greifvögel waren für die Katarer immer noch ein Symbol der Macht und gaben den Besitzern Prestige. Sie kosteten Unsummen.

Danach besuchten sie einen Goldmarkt. Richie dachte für einen Moment daran, für Mira etwas zu erstehen, doch dann ließ er es, und zwar nicht nur, weil ihm die Schmuckstücke zu rotgolden waren und zu ziseliert.

»Während der Tageshitze verlagert sich die Lust zum Einkauf in diese herrlichen, romantisch beleuchteten Gebäude, in denen klimatisierte Einkaufsparadiese locken. Wir sollten heute Abend ruhig mal einen Blick in sie werfen. Diese Häuser sind teils neu gebaut, teils renoviert. Auf jeden Fall hat man für sie einen besonderen Stil gefunden.«

Frank machte Richie auch auf die neu gestalteten, in interessantem Stil erbauten Boutiquehotels aufmerksam, die sehr en vogue waren. Dann befanden beide, dass sie genug gesehen hatten. Der Hunger meldete sich.

»Wir werden nicht allein essen«, sagte Frank. »Die Katarer essen gern erst mit Sonnenuntergang. Fisch, Huhn, Salate, das meiste kommt auf den Grill und trifft gut gewürzt auch unsere Sinnesfreuden. Worauf hättest du Lust? Du findest hier arabische, europäische und asiatische Küche. Das Al Tawash ist ein katarisches Restaurant, das Al Mourjan libanesisch und das Tajine marokkanisch.«

»Ich hätte heute Abend gerne etwas Leichtes, vielleicht Nudeln mit Fisch. Gibt es hier irgendwo Nudeln?«

Frank lachte. »Du glaubst wohl, Nudeln machen glücklich. Natürlich gibt es Nudeln, wir gehen am besten in das Al Tawash. Die haben auch guten Fisch.«

Das Haus lag an der Ecke des Hauptmarktes und der Straße, die zum großen Parkplatz führte. Es hatte viele Säulen und Giebel und war romantisch beleuchtet. Der große Innenraum schimmerte in warmem Bernsteinlicht und war angenehm gekühlt.

»Altawash heißt übrigens ›der Perlenhändler‹«, erklärte Frank. »Vielleicht ein gutes Omen für deine Perlensuche.«

Sie fanden beide etwas nach ihrem Geschmack, und schon während der Mahlzeit fragte Frank sein Gegenüber, was er zu den heutigen Eindrücken zu sagen habe.

Richie zeigte sich wieder gut vorbereitet: »Mir ist sehr klar geworden, dass die Aspire Zone das Herz der fürstlichen Sportambitionen ist. Ein Problem erscheint mir allerdings, dass es gerade mal so viel Katarer gibt wie Bürger in einer unserer mittleren Städte. Ich habe gelesen, dass nur jeder siebte Einwohner überhaupt die Staatsbürgerschaft hat. Wie soll man bei dieser geringen Anzahl genügend Sporttalente finden, um Katar zur Weltspitze im Sport zu führen? Ist nicht bei dieser Ausgangslage der enorme Mitteleinsatz eher Verschwendung, als dass er von Erfolg gekrönt sein kann?«

»Nun ja, Hermann Neuberger sagte schon: *Die Breite an der Spitze ist dichter geworden. Es gibt keine kleinen Gegner mehr.* Da passen wir also auch noch hin. Es sind oft nur Kleinigkeiten, das letzte Quäntchen Glück oder die Fähigkeit, im entscheidenden Moment einen Elfmeter zu verwandeln, die den Unterschied zur Weltspitze ausmachen. Natürlich ist bei uns alles etwas überdimensioniert, sieht man es aus deinem Blickwinkel. Deshalb suchen wir die Auslastung durch große Vereine wie Bayern München und den FC Chelsea oder auch Verbände, die hier ihr Trainingslager aufschlagen. Wir wollen unser Konzept im Fernsehen vermarkten über einen Sportkanal. Das Format soll sich weltweit verkaufen und hierher zum Besuch einladen.«

»Bleiben wir beim Fußball. Spätestens mit der Vergabe der Fußballweltmeisterschaft an Katar hat man den Schwerpunkt der Förderung auf Fußball gelegt. Glaubst du, eine Nationalmannschaft von hier kann zum Favoriten werden, indem man sie mit lauter schwarzen Spielern bestückt?«

»Das ist nicht unser Ziel. Das wollen wir gar nicht. Wir wollen allerdings die einheimischen Talente durch die Zusammenarbeit mit ausländischen Vorbildern weiterentwickeln. Das ist die Mission.«

»Die Armen aus Afrika sollen also den Kindern der Satten zeigen, was Willen und Entschlossenheit im Sport ausmachen«, warf Richie ein.

»Das ist eine böse Beschreibung. Unser Ziel ist es jedenfalls nicht, in den kommenden Jahren unsere Nationalmannschaft nur mit gekauften Ausländern aufzubauen. Damit ist Katar bereits auf Clubebene gescheitert.«

»Die übernommene Weltmeisterschaft verlangt noch größeren Mitteleinsatz als bisher. Schon der Bau der Stadien wird Milliarden kosten. Ist das wirklich verhältnismäßig?«

»In Katar sind nun mal enorme Mittel vorhanden. Was damit getan wird, ist auf jeden Fall für den gesamten Sport förderlich. Bald wird es sowieso nur noch Länder wie Katar geben, die von ihren Möglichkeiten her ein Megaevent ausrichten wollen. Bei den Stadien denkt man bereits intensiv darüber nach, sie rückbaubar zu konstruieren, um sie hinterher an andere Länder weiterzugeben. Man versucht also, trotz des enormen Wohlstands, den Mitteleinsatz zu minimieren. Damit ist übrigens ein deutsches Planungsbüro betraut.«

»Das ist mir bekannt, meines Wissens handelt es sich um das Architekten- und Planungsbüro Albert Speer und Partner. Man spricht aber jetzt schon von sklavenähnlichen Zuständen auf den Baustellen und sogar von Toten.«

»Das sind, wie so oft, Übertreibungen der Medien. Das wird alles in geordnete Bahnen kommen. Ich bin Optimist. Zerstör diese Mauer der Vorbehalte in deinem Kopf.«

»Die Chinesen nennen ihre Mauer, wegen der vielen toten Arbeiter, den langen Friedhof. Man muss aufpassen, dass die Arbeitsbedingungen eine solche Bezeichnung nicht auch hier mal rechtfertigen.«

»Die arbeiten daran, glaub mir.«

»Okay, ich muss zugeben, deine Argumente bleiben nicht ohne Wirkung auf mich. Ich sehe jedoch noch weitere Problembereiche: Zumindest das Suchen nach jungen Spielern hat problematische Seiten: Für diese Kinder wird der dramatische Wechsel der Welten schwierig sein. Sie müssen sich erst daran gewöhnen, allein in einem Zimmer zu wohnen. Es wird Jungen geben, die zum ersten Mal in ihrem Leben eine Toilette mit

Wasserspülung sehen. Ersetzt eure Fürsorge die Bindung zu den Eltern? Alle diese Neuerungen werden die Kinder verunsichern, wenn nicht sogar verweichlichen. Sie werden ihre Natürlichkeit verlieren und ihren Biss.«

»Das kann ich nicht so stehen lassen. Diese jungen Kerle haben alle ein Ziel vor Augen. Viele junge Afrikaner wandern heute schon aus, um in Europa ihr Glück zu suchen. Sie opfern alles, um in das europäische Fußball-Eldorado zu gelangen, in die Vereine ihrer Träume mit fantastischen Gehältern. Es wird keine Verweichlichung geben, sie werden sich den Arsch aufreißen, denn auch hier haben sie die gleichen Ziele. Die Jungen kommen bei uns in ein Paradies auf Erden. Du wirst es morgen sehen. Die Bedingungen gibt es nicht mal in Europa, auch nicht im Internat und in der Schule.«

»Was bietet ihr da den jungen Afrikanern?«, fragte Richie neugierig.

»Wir bieten ihnen die Möglichkeit eines Highschool-Abschlusses und erst danach eine gesunde Profikarriere. Die Jungs bekommen eine gute Ausbildung und brauchen, trotz der Einheitsreligion Katars, ihre Religion nicht zu wechseln. Sie werden betreut wie in einer Familie. Ich bin fest davon überzeugt, dass keiner von ihnen nach Hause zurückkehren will. Ich muss allerdings gestehen, einigen geförderten Kindern der letzten Jahre fiel es schwer, sich an das Leben im Internat anzupassen.«

»Also doch! Was habt ihr vor, wenn eines der Kinder sportlich versagt oder sonst euren Erwartungen nicht entspricht?«

»Nun gut, dann müssen wir über eine Trennung nachdenken. Unser System basiert nun mal auf Erfolg. Noch mal gesagt: Die Besten unter ihnen werden auf eine internationale oder nationale Karriere vorbereitet. Die weniger Talentierten müssen sich umorientieren. Wenn sie einen Schulabschluss haben, den wir anbieten, ist also nichts verloren. Alles ist ähnlich aufgebaut wie in La Masia beim FC Barcelona. Der katalanische Journalist Ramon Besa vergleicht unser Vorgehen mit der Erfolgsformel der Coca-Cola-Rezeptur.«

»Ich erkenne den guten Willen und die gute Absicht. Letztlich kann es aber doch eine Entscheidung geben, die die Jungen in ein schwarzes Loch fallen lässt. Ich sehe keinen Weg, das auszuschließen. Du hast mich überzeugt, dass ihr so weit wie möglich Vorsorge trefft. Ich habe ein Credo: Nur wer Fußball auf dem Platz ganz leicht aussehen lässt, gehört mal zu den ganz Großen. Davon ist jeder meilenweit entfernt, dem die Anstrengung und der Stress aus allen Poren strömt.«

Frank nickte. Zum Schluss wollte Richie wissen, warum Frank immer noch nicht das Thema angesprochen hatte, welches letztlich der Grund für ihr Zusammentreffen war.

Franks Antwort kam ohne Umschweife: »Ich möchte, dass du zunächst unsere Philosophie verstehst und unsere Möglichkeiten erkennst. Wenn du beides mittragen kannst, wird es einfacher sein, mit dir Einigkeit über die Bedingungen für dich zu erzielen. Gib uns noch ein bis zwei Tage Zeit dafür.«

Richie nickte, die Erwiderung war plausibel. Selbstschutz ließ ihn dennoch erwidern: »Ich werde ein harter Verhandlungspartner sein.«

Frank lachte und meinte: »Morgen werden wir uns nicht sehen. Du bist für das Tagesprogramm unserer jungen Fußballer eingeplant. Der Fahrer wird dich gegen 8:30 Uhr zu ihrem Wohngebäude bringen, wo du erwartet wirst. Ich glaube, ihr bleibt indoor. Abends kannst du dann, ganz ohne Programm, Doha ein wenig allein erkunden.«

Richie bedankte sich für den ereignisreichen Tag, dann trennten sich die beiden Männer.

Als Richie am nächsten Morgen am Wohnhaus der kleinen Fußballer vorfuhr, stand ein Bus vor der Tür, und daneben umlagerten bestimmt 20 junge Fußballer einen mittelgroßen blonden Mann, der auf sie einredete. Im Hintergrund luden Männer einen Container in den Bus, gefüllt mit Ausrüstungsgegenständen. Das sind mit Sicherheit die kleinen schwarzen Perlen mit ihrem Trainer, dachte Richie und stieg aus.

Der blonde Mann entdeckte ihn und ging auf ihn zu. »Sie sind bestimmt Richie Finz, herzlich willkommen. Ich bin Sepp Sutter, der Trainer und Ziehvater. Wir können ruhig Deutsch sprechen, dann verstehen uns die kleinen Racker auch nicht.« Sepp Sutter bemühte sich um Hochdeutsch, doch sein Schweizer Dialekt war unverkennbar.

Richie ging mit einem Lächeln auf ihn zu und drückte fest die ihm dargebotene Hand.

Sepp Sutter meldete sich wieder zu Wort: »Auch hier ist es nicht anders als im Rest der Welt: *Das Runde muss ins Eckige!* Aber das Drumherum ist schon speziell. Schauen Sie es sich in Ruhe an, und fragen Sie mir ruhig ein Loch in den Bauch.«

Richie bedankte sich für das Angebot.

Der Trainer wandte sich nun an die kleinen Spieler: »Heute haben wir einen wichtigen Beobachter. Zeigt, was ihr könnt. Heute wird erst aufgehört zu kämpfen, wenn ihr wieder im Bus sitzt!«

Die Jungen sahen Richie neugierig an.

Während der Busfahrt setzte Sepp Sutter das Gespräch mit ihm fort: »Bei der Hitze trainieren wir im Aspire Dome, kennen Sie sich da schon ein wenig aus?«

Richie bejahte.

»Da ist alles vom Feinsten, selbst die Umkleidekabine mit integrierter Dusche und Toilette hat die Größe einer ganzen Etage in einem Einfamilienhaus.«

Richie lachte kurz auf, dann fragte er: »Was meinten Sie vorhin mit Ziehvater?«

»Na ja, die Jungen sind schon lange von zuhause fort. Irgendwie haben sie, trotz großer Hoffnungen auf eine tolle Zukunft, allesamt Heimweh. Sie brauchen einen Bezugspunkt, und ich bemühe mich, der zu sein, der Mann für alle Fälle, die Ersatzfamilie. Die meisten kannten, als sie ankamen, nur das Spiel ohne Schuhe, und auch die anderen Luxusutensilien waren ihnen unbekannt. Teils hatten sie nur mit Bällen aus Bananenblättern gespielt. Es hatte in allem an der Hardware gemangelt«, ergänzte er schmunzelnd. »Trotzdem werden Sie sehen, es sind alles kleine Fußballkönige mit Starpotential.«

»Ich bin mir sicher, die hier eingetretenen Änderungen waren für sie ein Kulturschock«, pflichtete Richie ihm bei.

Nun war es an Sutter zu nicken. »Natürlich bin ich vorrangig mit der sportlichen Ausbildung beschäftigt. Ich bemühe mich aber auch um

Persönlichkeitsbildung und versuche ihnen einen Verhaltenskodex zu vermitteln, der sie später in die Lage versetzt, das harte Profileben durchzuhalten. Viele Spieler in den großen Ligen weisen eine Fehlentwicklung in der Persönlichkeitsstruktur auf. Sie verdienen schon kurz nach der Pubertät sehr viel Geld und werden damit in den großen Freizeitspielräumen neben den Aufgaben im Fußball sich selbst überlassen. In dieses fatale Loch sollen unsere Jungen nicht hineinfallen. Ich versuche ihnen Bildung und Herzensbildung zu vermitteln.«

Richie nickte anerkennend. »Ja, das stimmt. Diese Fehlentwicklung zeigt sich sogar bei den Größten. Sie spielen verrückt, verschwenden ihr Geld und landen später sogar im Armenhaus. Mario Balotelli fährt einen Bentley mit Tarnmuster für eine halbe Million Pfund, Thierry Henry hat ein 12 Meter hohes Aquarium, und das sind noch die kleinsten Verrücktheiten. Diese Jungs sind zu dämlich, das viele Geld sinnvoll zu verwalten.

Sepp Sutter nickte bestätigend. »Bei uns herrscht außerdem Disziplin und Gehorsam. Abseits ist nur, wenn es der Schiedsrichter pfeift!« Sutter sah Richie an und wartete auf eine Reaktion.

Richie gefiel die Art des Schweizers. »Ich kann Ihnen nur wünschen, dass Sie mit diesem Einsatz Erfolg haben«, antwortete er verbindlich.

»Das wünsche ich mir auch, aber ein Denkmal will ich nicht bekommen, darauf scheißen ja nur die Tauben«, erwiderte der Schweizer trocken und stieg weiter in Richies Achtung.

In der Halle teilten die Jungen und ihre Helfer ohne weitere Aufforderung ein Drittel des Feldes mit mobilen Kegeln ab.

Richie war sofort klar, dass er nun von den 20 Spielern auf 35 Metern Platzlänge die Spielweise von Barça zu sehen bekäme. Er hatte sich nicht geirrt.

Das präzise und schnelle Kurzpassspiel, das sogenannte Tiki-Taka, wurde sehr beeindruckend zelebriert und war eine Augenweide. Trotz allem ging es nicht ohne Kritik des Trainers ab. Als der Torwart weit aus dem Tor kam und trotzdem den Torschuss nicht verhindern konnte, handelte er sich eine Rüge ein: »Wenn du rauskommst, musst du ihn haben!«

Die Belehrungen gingen weiter: »Spiel mehr mit der Sohle, Yannick! Du kannst damit dribbeln, stoppen und passen. Du wirst sehen, deine Ballkontakte werden viel gefühlvoller.«

»Aha, auch noch brasilianische Spielweise, Respekt!«

Dass die Jungen Sutter trotz seiner Strenge verehrten oder gar liebten, konnte man erspüren.

Ballfertigkeit, Kreativität, blindes Verständnis bei Standards, Spielverlagerung, Durchsetzungsvermögen, Verschieben, alles wurde geübt und besprochen. Nie fehlte die Kritik an jedem Einzelnen.

Ein zierlicher Knirps blieb lange sehr unscheinbar. »Samy, du findest heute gar nicht statt«, bekam er zu hören.

Einen weiteren Spieler belehrte er sogar mit FIFA-Regeln: »Zieh lieber die Kette während des Spielens aus, gewöhn dich daran.«

»Warum? Die ist doch der Talisman von meiner Mutter.«

»Die FIFA verbietet jeglichen Schmuck während des Spiels. Das kann dich später eine gelbe Karte kosten.«

Richie erhielt noch zusätzliche Erläuterungen: »Ich vermeide noch körperliches Training oder auch Krafttraining. Das schnelle Spielen auf minimalem Raum, verbunden mit dem Erlangen technischer Fähigkeiten, steht im Vordergrund. Am Ball verbessert sich alles, Schnelligkeit, Kraft und Ausdauer.«

Richie konnte sich nicht verkneifen, erkennen zu lassen, dass er sich da auskannte: »Ich verstehe, die Barça-Methode! Wir wurden noch nicht ganz so spielerisch auf Leistung getrimmt:

Gib niemals auf!

Steh das durch, du bist gut!

Du hast die Power, das Herz und den Mut,

glaub an dich selbst!

Trau's dir zu, bleib nicht stehen!«

Sepp Sutter gestand ihm neidlos zu: »Wie nicht anders zu erwarten, habe ich es mit einem Kenner zu tun, sonst hätte Sie Frank auch nicht ausgewählt«, antwortete er. »Ja, Barças Spiel ist auch unser Spiel. Präzises, schnelles Kurzpassspiel ist das, was wir sehen wollen.«

Nachdem die Jungen erkennbar Ermüdungserscheinungen zeigten, ließ Sutter das Training langsam auslaufen. Er verordnete den Knaben noch eine Runde Fußballtennis, was die Nachwuchskicker noch einmal in Laune brachte. Auch hierbei schulten und bewiesen sie ihre Fähigkeiten.

Auf der Rückfahrt kam Richie auf 2 Spieler zu sprechen, die ihm besonders aufgefallen waren: »Der Kleine, Stämmige, der meist als Verteidiger spielte, wie heißt der?«

»Sie sprechen bestimmt von Seydou«, erwiderte Sutter und zeigte auf den Jungen in der zweiten Reihe.

Richie bestätigte Sutters Vermutung. »Das ist ein echter Verteidiger, der tritt heute schon auf alles, was sich bewegt. Der kann bald einem Tisch die Beine weggrätschen«, meinte er.

Sepp Sutter lachte leise und meinte: »Dem muss ich noch beibringen, dass dafür die Schiris später die Karte geben wie japanische Kaufleute. Er ließ Richies Einschätzung aber auch ansonsten nicht ganz so stehen: »Wir suchen wie Barça für das Jugendteam quasi nie nach Verteidigern; wir suchen nur nach flinken, technisch beschlagenen Spielern. Die sind mit diesen Fähigkeiten dann auch als Abwehrspieler bestens geeignet. Aber ich muss zugeben, Seydou geht gerne zur Sache.«

Richie ließ dies im Raum stehen, denn der Schweizer hatte mit dem letzten Satz eingelenkt. Er kam stattdessen auf den zweiten Spieler zu sprechen, der ihm besonders gefallen hatte: »Der kleine Racker mit dem Klobürstenschnitt ist wie eine Kerze, die an 2 Enden brennt, ein Energiebündel!«

»Das ist Yannick«, kam Sutter Richies Frage zuvor. »Klobürstenschnitt ist passend, aber der Kleine hat auch sehr widerspenstiges Haar. Mit ihrer Bewertung bin ich absolut deckungsgleich. Den hat allerdings Seydou immer wieder auf dem Kicker. Er erkennt instinktiv seinen Hauptkonkurrenten.«

»Ja, Seydou und Yannick, das ist kein Freundschaftsspiel! Können Sie mir noch erklären, wie bei Ihnen der Übergang von der Jugendausbildung ins Profilager vonstattengeht?«

Der Trainer hatte hierfür eine ausführliche Antwort: »Sobald die Nachwuchskicker reif für die Profiabteilung sind, kommen sie in eine B-Auswahl. Von dort werden die Besten nach einem Dreistufenplan sukzessive an die erste Mannschaft herangeführt.«

Richie hatte genug gesehen und gehört. Er war beeindruckt und bedankte sich für die vielen Informationen.

Auch darauf antwortete der Schweizer mit Humor: »Danke, ich bin wirklich ein Supertyp. Aber ich kann auch ein richtiger Arsch sein.«

Die Uhrzeit ließ für Richie noch eine Pause im Hotelzimmer zu. Mit der Dämmerung kleidete er sich um und freute sich darauf, Doha als Tourist zu erobern. Der Schweißfilm auf seiner Haut kühlte selbst jetzt nicht ab. Das Thermometer zeigte immer noch 38 °C. Aber die Lust, sich zu bewegen, war wieder da.

Richie beschloss, bis zum Sheratonpark am Ende der Corniche zu fahren und von dort die Uferpromenade entlangzugehen. Er fuhr mit dem Taxi bis zur Auffahrt des Hotels. Das riesige pyramidenförmige Gebäude leuchtete im Halbdunkel. Aus den Fenstern strahlte das Licht nach außen. Vor dem Hotel erstreckte sich ein großzügiger Park mit Springbrunnen, Palmen, Blumen und anderem Grün. Hunderte Wassersprinkler berieselten die Rasenflächen. Zum Meer hinunter nahm die mit Ziersteinen gepflasterte Uferpromenade ihren Anfang. Aufgrund der Lichtervielfalt, die von den Hochhäusern, den Laternen und den Fahrzeugen auf der sechsspurigen Al Corniche abstrahlte, schimmerte der Ozean vielfarbig. Richie hörte sein stetiges Schwappen. Die Straßenschilder der großen Verkehrsader waren in Blau gehalten und erinnerten ihn an Deutschland. Trotz der Begrünung und der Wasserfläche des Meeres dachte er spontan: Zu viel Beton! Der Spaziergang war nicht nur der Temperatur wegen, sondern auch der vielfältigen Beleuchtung wegen, besonders am Abend, empfehlenswert. Tagsüber trat der Beton, verbunden mit Aluminium und Glas, noch mehr in den Vordergrund. Das Ganze büßte dann den abendlichen Charme ein und mutierte in kalte Nüchternheit. Durch Lautsprecher tönte die Stimme des Muezzins. Den schimmernden Ozean auf der einen, die verkehrsreiche Straße auf der anderen Seite, machte sich Richie auf den Weg.

Auf der Küstenpromenade waren nicht ganz so viele Menschen zu sehen, wie er erwartet hatte. Wahrscheinlich war es dafür immer noch zu heiß. Trotzdem kam er auf seine Kosten: Hitzeresistente Jogger liefen an ihm vorbei, bald sah er auch Fitnessgeräte am Wegesrand, die er allerdings mied, der hohen Temperatur wegen. Mit mehr Interesse registrierte er die vielen Bänke und Sitzmöglichkeiten. Weiß gekleidete einheimische Männer und wenige tief verschleierte Frauen sowie Touristen wie er sorgten für ein wenig Gesellschaft.

Es gab rundherum perfekten grünen Rasen, Blumenbeete und Palmen. Dazwischen hüpften die Fontänen der Springbrunnen. Alles war sauber und gepflegt, so wie sich ein Wüstensohn wohl das Paradies vorstellte.

Richie bekam bei diesem Gedanken ein Grinsen ins Gesicht. Trotz fortgeschrittener Uhrzeit gingen Straßenfeger in orangefarbenen Sicherheitsjacken an den Wegen entlang und entfernten den wenigen Schmutz, der sich angesammelt hatte.

Richie passierte das Café Costa und verkniff sich, schon jetzt etwas zu trinken.

Draußen auf dem Wasser dümpelten bunt beleuchtete Boote und Schiffe. Eine Bootsfahrt wollte er in den nächsten Tagen auf jeden Fall noch machen.

Er ging weiter, bis er auf das Restaurant Balhambar stieß. Von hier aus bot sich ein herrlicher Ausblick über die Bucht von Doha Richtung West Bay. Die Skyline schimmerte in allen Farben. Eine solche Vielfalt an Baudesign konnte man wohl nur in der arabischen Welt bewundern.

Mit seinem Smartphone schoss er unentwegt Fotos. Für wen eigentlich?, fragte er sich plötzlich. Mira konnte er die Bilder schwerlich zeigen, er war schließlich auf einem Kongress, und er war kein Fotogucker.

Das Restaurant war ein flacher Bau mit Zinnen und Bögen um die Fenster. Sein Inneres war gedämpft erleuchtet. Richie merkte sich das Haus für das Abendessen vor.

Sein Reiseführer wies als Nächstes auf das Nationaltheater hin. Richie war von ihm enttäuscht. Er sah nur einen weißen klotzigen Quader jenseits der Straße.

Der Al Bidda Park mit einem lang gezogenen künstlichen Gewässer und viel Grün sorgte dafür, dass der Verkehrslärm der Al Corniche etwas in die Ferne rückte. Auf der Höhe des Dhow Harbour, der ins Meer hineinragte und in dem viele Schiffe lagen, stand er plötzlich vor »The Pearl«. Eine Perle, beleuchtet in einer riesigen Muschel, blieb das attraktivste Kunstwerk auf dem Spazierweg. Es erinnerte Richie an den Satz von Frank: »Ich bin sicher, du wirst eine ›schwarze Perle‹ für unser Projekt finden.« Die Promenade führte weiter bis zum Museum of Islamic Art. Im gegenüberliegenden Souk war er schon mit Frank gewesen. Im Cafe Fishermen nahm er endlich einen Drink und machte sich danach auf den Rückweg zum Restaurant. Sein Reiseführer hatte ihm davon berichtet, dass Fischen und Angeln ein Nationalsport der Katarer sei und man sie zuhauf an der Uferpromenade anträfe. Das war abends nicht der Fall. Wahrscheinlich waren die Morgenstunden günstiger dafür.

Richie wählte landestypischen Fisch vom Grill und einen großen Salat. Er ließ keine weiteren Gänge folgen, dazu war es noch immer zu warm, und er wollte am Ende der Reise keine zusätzlichen Pfunde auf den Hüften haben. Er vermisste schon jetzt seinen täglichen Sport.

Nach dem Nachtessen ließ er sich zufrieden und müde in sein Hotel fahren. Eine kurze Nachricht von Frank verlangte noch einmal seine Aufmerksamkeit:

Lieber Richie, morgen ist der Tag, an dem wir die Bedingungen für eine Zusammenarbeit finden müssen. Der Scheich hat dich für übermorgen zu einem Besuch geladen, dann müssen wir Nägel mit Köpfen vorweisen. Was danach passiert, können wir morgen festlegen. Du wirst wieder um 9 Uhr abgeholt.
Gute Nacht, Frank.

Frank war bester Laune, als Richie in seinem Büro eintraf.

»Du musst ja langsam auf Alkoholentzug sein«, begrüßte er ihn. »Hier kann ich dir etwas anbieten. Der Verkauf und Konsum von Alkohol ist in Katar streng geregelt, mir ist aber als Ausländer durch eine besondere

Genehmigung erlaubt, Alkohol zu kaufen. Das habe ich in meinem Einstellungsvertrag geklärt. Was möchtest du also?«

Richie war eigentlich froh, dass es ihm gar nichts ausgemacht hatte, ohne Alkohol zu sein, und war willens, es dabei zu belassen, erst recht, wo sie nun verhandeln wollten.

Bevor er jedoch antworten konnte, sagte Frank verschmitzt: »Schornsteinfeger!«

Richie sah ihn irritiert an und fragte: »Was soll denn das heißen?«

»Der geht aufs Haus«, erwiderte Frank und schmunzelte. Richie ließ sich von diesem Angebot nicht verlocken, er blieb standhaft beim Nein. So wurde Frank schnell geschäftsmäßig: »Dann lass uns beginnen. Sicher haben wir hinterher einen Grund, miteinander anzustoßen.« Er ermunterte Richie anzufangen, was der bereitwillig tat:

»Nachdem ich die vorhandene Struktur gesehen habe, frage ich mich, warum du mich überhaupt einen einzelnen Spieler suchen lassen willst«, begann er.

»Lass mich mit einer Gegenfrage antworten. Du hast gestern unsere jungen Elitekicker begutachtet, was sagst du zu ihnen?«

»Nun, sie sind gut und bei Sutter in besten Händen. Allerdings halte ich höchstens Yannick für ein Ausnahmetalent. Aber er ist noch so jung, und mit ihm und seiner Entwicklung kann noch viel passieren, bevor er ins Profialter kommt. Das gilt natürlich für alle Spieler. Lass mich die Spieler mit einem Gedicht beschreiben: *Wenn einer, der mit Mühe kaum gekrochen ist auf einen Baum, schon meint, dass er ein Vogel wär, so irrt sich der.* Das ist von Wilhelm Busch.«

»Du bringst mich schon wieder zum Staunen, aber ich muss dir recht geben«, antwortete Frank. »Das hat mich auch zu der Idee bewogen, dich auszuwählen. Zum einen wäre es gut, schon wegen denkbarer Ausfälle, die Zahl unserer Spieler weiter aufzustocken, zum anderen hat der bisher eingeschlagene Weg der Massensichtung keine echte Sensation hervorgebracht. Darum setze ich nun bei einer individuellen Suche auf dich als Spezialisten. Du sollst auf diesem Weg unser ›Versuchsballon‹ sein.«

Richie suchte weiter Abklärung: »Du weißt, dass ich auf Afrika gepolt bin. Du würdest mich also in Afrika suchen lassen?«

»Ja, Afrika ist vollgestopft mit außergewöhnlichen Talenten, nur immer noch nicht so gut organisiert, dass das spielerische Potential lokal in vollem Umfang zum Tragen kommen kann.«

»Gehst du etwa davon aus, dass ich den Jungen, wie bei den Auswahlturnieren, in Vereinen suche?«

»Eben nicht! Das Problem des afrikanischen Vereinsfußballs sind die Funktionäre, allen voran der Präsident des Kontinentalverbandes CAF. Die CAF richtet sich in Entscheidungen vor allem danach, wo am meisten Geld zu holen ist. Außerdem hat sie eine miserable Jugendarbeit. Alle jungen Spieler wünschen sich schon nach kurzer Zeit, dass sie so schnell wie möglich einen Club im Ausland finden. Und die Funktionäre helfen ihnen sogar dabei, weil sie mit Ablösesummen schnelles Geld verdienen können. Dabei wird manipuliert und geschachert.«

»Dann bin ich beruhigt; wenn überhaupt, möchte ich dir einen echten Straßenfußballer präsentieren.«

»Wer erfolgreich fischen will, braucht den richtigen Köder. Hast du darüber schon nachgedacht?«

»Auch bei den jungen Schwarzen ist der richtige Köder Geld, Geld und nochmals Geld. Natürlich suchen sie auch den Tapetenwechsel, ein Leben in einer schöneren Welt. Die meisten kann man zudem an der Ehre packen, sie wollen ihren Eltern finanziell helfen, damit die Familie aus dem Teufelskreis dauernder Armut herauskommt. Der Familiensinn ist in Afrika groß.«

Frank nickte. »Dann hast du ja erfolgversprechende Optionen. In welchem Land willst du suchen?«

»Ich denke an Kamerun.«

»Warum Kamerun? Die waren doch bei den letzten Weltmeisterschaften eher zuhause als ihre Postkarten.«

»Du tust dem Land Unrecht. Es stimmt, Kameruns Equipe ist zurzeit in einer Flaute. Kamerun gehört aber zu den wenigen afrikanischen Ländern, die international beachtlichen Erfolg gehabt haben. Es war schon fünfmal Afrikameister, 1990 im Viertelfinale der Weltmeisterschaft und wurde in Sydney mit der Olympiamannschaft Olympiasieger. Es wird nicht ohne Grund mit Nigeria zusammen die ›Big Guns‹ genannt.«

»Gut, du bist der Experte.«

Richie legte nach: »Ich denke an Duala, die wirtschaftlich wichtigste Stadt des Landes. Dort in einem Armenviertel ist auch Samuel Eto'o zur Welt gekommen. Ich bin mir sicher, dort gibt es noch Ähnliche wie ihn.«

»Was hast du für dich finanziell für Vorstellungen?«

»Angedeutet habe ich das ja schon. Es geht mir nicht um einen Geldbetrag, sondern um eine Gesamtlösung hinsichtlich meiner Vergütung. Ich werde nicht jünger und kann nicht mehr allzu oft umsatteln, erst recht nicht vom Ausland ins Inland. Ich habe erfahren müssen, dass dort die guten Plätze besetzt sind, wenn man zurückkommt. Ich brauche eine abschließende Perspektive.«

»Die Zukunft ist jetzt. Mach jetzt deinen Schnitt, dann brauchst du keine Langfristigkeit. Was hinter der Zukunft steckt, weiß sowieso niemand, vielleicht ist das auch besser so.«

»Mit einem Schnitt ist es nicht getan. Dann müsste der Betrag so groß sein, dass du abwinken würdest. Ich habe hoffentlich noch viele Jahre vor mir. In denen will ich komfortabel leben, genau wie du, am liebsten mit Familie. Stell dir mal dafür den notwendigen Barwert vor.«

»Du hast mich schon fast überzeugt. Wir sollten es mit verschiedenen Bausteinen versuchen. Was hältst du zunächst von einem Jahresgehalt in Höhe von 200 Tausend Dollar zuzüglich Spesenersatz?«

»Das kann sich als *ein* Baustein sehen lassen. Ich brauche wahrscheinlich ein Jahr, um den Ausnahmekicker zu finden. Bis er 18 ist, werden weitere 5 Jahre vergehen. Ich sollte nämlich die Möglichkeit haben, den Jungen in dieser Zeit zu begleiten. Das ergäbe 200 Tausend Dollar plus Spesen mal sechs.«

»Einverstanden, ich finde es gut, dass du dem Jungen zur Seite stehen willst. Diese Bezüge können wir hier übrigens steuerfrei gestalten. Würde das den erwarteten ›Barwert‹ ausfüllen?«

Richie zögerte, dann kam ganz leise ein: »Eher nicht.«

»Dann lass ich die Katze aus dem Sack. Ich könnte mir eine Erfolgstantieme vorstellen, sollte der Junge wirklich ein Topprofi werden. Was hältst du von 3 Millionen für diesen Fall?«

»Das hört sich schon besser an. Was passiert aber, wenn der Junge durch Schicksalsschläge nicht dorthin kommt? Ich denke zum Beispiel an Unfall oder Krankheit.«

»Richie, sei keine Buchhalterseele. Ein Risiko wird immer für dich übrig bleiben. Das Leben ist kein Puzzle, wir wissen nicht, wie es sich zusammenfügt. Denk außerdem an das Sprichwort, in dem viel Weisheit liegt: *Bis zu einem gewissen Betrag gehört dir das Geld. Ab einem gewissen Betrag gehörst du dem Geld.*«

Richie gab nicht nach: »Ja, ja, Geld kann man nicht essen, sagte ein alter Indianerhäuptling«, und Frank lenkte schließlich nochmals ein: »Für den Fall, dass solche Risiken eintreten, könnten wir die Tantieme als Versicherungsrisiko platzieren, 3 Millionen Auszahlung bei Spielunfähigkeiten infolge Unfall oder Krankheit.«

»Nach meiner Kenntnis ist eine so hohe Versicherungssumme für Kinder und Jugendliche nicht platzierbar.«

»Unterschätze unsere Möglichkeiten nicht. Das Herrscherhaus hält ganz andere Policen bei Lloyds London. Für unsere anderen Talente wurden ebenfalls Ausnahmen gemacht. Unser Team ist vergleichbar versichert. Wir haben schließlich Unsummen in die Jungen investiert.«

»Dann sollte es auch möglich sein, ein All-Risk-Cover abzuschließen. – Unfall, Krankheit, Tod, bis hin zum Selbstmord.«

»Null Problemo. Du wirst als Begünstigter abgesichert wie ein Verein. So können wir sogar Selbstmord mitversichern.«

Richie gab sich zunächst damit zufrieden, doch dann kam ihm noch eine Frage in den Sinn: »Da fällt mir ein, ihr mustert die Spieler aus, wenn sie euren Erwartungen nicht entsprechen, große Familie hin oder her. Wenn das nach ein, 2 Jahren passieren würde, stünde ich dumm da.«

»Sei kein Schwarzseher. Du kannst deine Entscheidung doch nicht nur unter dem Aspekt ›absolute Sicherheit‹ treffen! Risikobereitschaft ist der Antrieb für einen vielversprechenden Neuanfang. Wir könnten trotzdem die Zeit deiner Bezüge auf ein Minimum von 6 Jahren festlegen. Du erhältst außerdem eine Option, zu gleichen Konditionen einen weiteren Spieler zu suchen.«

»Das ist ein faires Entgegenkommen. Wenn ich euch einen Jungen bringe, dann bin ich von ihm überzeugt. Wenn ihr ihn wegen vermeintlich ungenügender Qualität ausmustert, dann sollte ich ihn übernehmen und selbst vermarkten dürfen. Dann seid ihr mit einem Schlag die moralische Verantwortung für ihn und mich los. Was hältst du davon?«

»Eine solche Vereinbarung würde ich begrüßen. Wie willst du den Transfer eigentlich FIFA-konform gestalten? Mit der Übertragung der Vormundschaft, nehme ich an?«

»Du meinst Art. 19 des FIFA-Reglements bezüglich Status und Transfer von Spielern, Schutz Minderjähriger?«

»Genau den meine ich.«

»FIFA versucht seit Jahren, den Handel mit minderjährigen Fußballern einzudämmen. Verträge dürfen nur mit Spielern abgeschlossen werden, die mindestens 18 Jahre alt sind. Es gibt allerdings Ausnahmen. Wenn die Eltern oder ein Vormund aus beruflichen Gründen mit dem Kind in die Nähe eines neuen Clubs ziehen, darf dort auch für einen Minderjährigen ein Vertrag abgeschlossen werden.«

»Die Möglichkeit kenne ich. FIFA wird es schwerfallen, eine Verfehlung nachzuweisen. Ich werde dir eine Vormundschaftsurkunde aufsetzen lassen. Sie sollte auf dich lauten, denke ich. Vielleicht brauchst du sie auch später noch mal, wenn hier wider Erwarten etwas schiefläuft. Du musst nur die Unterschriften der Eltern einholen, und wir setzen später das richtige Datum ein. Als zweite Möglichkeit bietet sich an, dass du den Eltern einen Job bei uns vorschlägst, zum Beispiel dem Vater Platzwart, der Mutter Putzfrau. Wenn sie deshalb hierherziehen, ist es überhaupt kein Problem, den Jungen unter Vertrag zu nehmen. Auch dafür gebe ich dir mein ›Go‹. Der von dir vorgeschlagene Weg wäre natürlich kostengünstiger. Jetzt solltest du aber wirklich zustimmen. Ich meine, dass nun beide Seiten bekommen, was sie sich wünschen. Darin besteht ein großer Vorteil. Du wirst motiviert an die Sache gehen, und ich habe eine gehörige Portion Sicherheit.«

Richie hatte immer noch Sorgen. Bei minderjährigen Hoffnungsträgern war es wie bei Popcorn in der Pfanne: Bei manchen knallte es, bei manchen nie. Genies gab es zwar, aber bis sie Profis wurden, galt es einen langen Weg mit vielen Risiken zu bewältigen. Die Erfolgsquote lag nach seiner Einschätzung höchstens bei einem Drittel. Doch das war als Risiko kaum zu vermeiden. Er gab sich also einen Ruck: »Top, die Wette gilt. Danke für deine Fairness.«

Frank zeigte sich zufrieden. »Dann trinken wir jetzt doch einen Schluck Schampus. Ich werde bis zum Abend den Vertrag aufsetzen, darin bin ich geübt. Du wirst nichts auszusetzen haben.«

Richie war erleichtert und voll Unternehmungslust: »Und was fangen wir danach mit dem angebrochenen Tag an?«

»Ich habe eine Überraschung für dich. Wir werden ein Boot mieten und über das Meer zur Insel Pearl schippern. Sie ist architektonisch ein Wunderwerk. Du musst sie sehen und auch auf der Rückfahrt den Blick auf das beleuchtete Doha. Auf Pearl gibt es herrliche Restaurants. Wir können dort gemütlich essen gehen. Ich möchte dir auch noch einige Tipps für unseren Besuch bei Scheich Tamim bin Hamad al-Thani geben. Gegen 17 Uhr hole ich dich im Torch ab, okay?«

Die Freunde trennten sich, und nicht nur Richie freute sich auf das Abendprogramm.

Frank erschien pünktlich im Hotel. Als Erstes übergab er Richie den Text der Vereinbarung. »Es ist alles wie besprochen festgehalten«, sagte er dazu. »Du solltest den Umschlag hier deponieren, dann hast du noch eine Gutenachtlektüre, wenn wir zurückkommen. Nun wollen wir uns aber angenehmeren Dingen zuwenden.«

Richie war gerne einverstanden.

»Ich bedaure, dass wir keine der Dauen nehmen werden, aber die sind für 20 Personen ausgelegt. Wir schippern mit einer Motoryacht, die ist auch schneller. Wir besteigen sie beim Souq Waqif. Es ist alles schon gebucht«, erklärte Frank.

Alles klappte wie am Schnürchen, und bald fanden sich die beiden in rasanter Fahrt auf dem Meer, dessen Oberfläche an diesem Abend glatt wie ein Spiegel war. Sie rauschten an schummrig beleuchteten Dauen vorbei. Richie bedauerte nicht, in dem schnelleren Boot zu sitzen, das auf der glatten Oberfläche des Meers förmlich vor Kraft explodierte.

Frank nutzte die Überfahrt zu einigen Erklärungen: »Die Insel hat eine Fläche von etwa 400 Hektar. Sie ist von Doha aus gut zu erreichen. Der einfache Fahrweg beträgt etwa zehn Kilometer. Im Osten der Hauptinsel gibt es neun kleinere Inseln, die mit ihr verbunden sind und aussehen wie Satelliten. Luxusvillen, Luxushotels, Luxusapartments mit dazugehöriger Infrastruktur sind vorhanden, Einkaufsmalls und auch eine Moschee, alles vom Feinsten! Hauptsächlich ausländische Käufer sollen mit den Neubauten angesprochen werden. Sepp Sutter hat sich dort eingekauft. Er will, wie du, eine langfristige Bindung mit uns.«

Richie steckte den Seitenhieb belustigt weg. Weil er sich sehr oft umdrehte, um die Kulisse von Doha zu betrachten, gab Frank ihm den Rat: »Heb dir den Blick für die Rückfahrt auf. Dann ist es noch dunkler und die Beleuchtung wirkt noch fulminanter.«

Bei der Anlegestelle in der großen Bucht leuchteten ihnen die Schilder der Restaurants entgegen.

»Nach dem Sightseeing habe ich ein Arabian Seafood Restaurant im Sinn, es heißt Sammach, du wirst es mögen.«

Für die Besichtigungstour mieteten sie ein Elektrocar. Auf diese Weise konnte Richie in kürzester Zeit viele Eindrücke in sich aufnehmen. The Pearl war auf jeden Fall einen Besuch wert. Die Art und Weise, wie hier gebaut wurde, vermittelte wirklich Luxus. Der ist aber nur für wenige Privilegierte, dachte Richie nachdenklich.

Das Restaurant erfüllte ihre Erwartungen. Beide entschieden sich für gegrillten Fisch und viel Salat. Das Essen war leicht und durch spezielle Würzung äußerst schmackhaft.

»Nun komm schon damit raus, was du mir für das Gespräch mit dem Scheich mit auf den Weg geben willst. Ich bin schon ganz neugierig.«

»Du solltest einige Verhaltensregeln kennen. In Katar gilt es als unhöflich, einem Gesprächspartner gegenüberzutreten, ohne einen guten Tag oder guten Morgen zu wünschen. Du kannst natürlich Englisch reden, das spricht der Scheich fließend. Wenn der Herrscher wohlgesinnt ist, hörst du als Antwort ein ›Allah yehfadek‹, Gott möge Sie schützen.«

Richie nickte.

»Wir werden mit Sicherheit auf den Scheich warten müssen. Die Zeit ist in Katar dehnbar, diese Tatsache darf kein Gast vergessen. Wer auf Pünktlichkeit Wert legt, ist hier am falschen Ort.«

»Dann sollte ich wohl die wichtigste Erziehungsregel meines Vaters vergessen.«

»Welche?«

»Pünktlichkeit ist nicht alles, aber ohne Pünktlichkeit ist alles nichts!«

Frank lachte gequält.

Richie lenkte ein: »Bisher scheint mir nichts extrem anders als bei uns zu sein«, zog er als Zwischenfazit.

»Das ist richtig, aber Abweichungen davon werden viel kritischer gesehen als bei uns. Sprich nur, wenn du aufgefordert wirst. Ansonsten höre den Erklärungen des Scheichs zu. Widersprechende Meinungsäußerungen sind schon gegenüber Polizei und Ordnungspersonal zu vermeiden, erst recht gegenüber einem Mitglied der Herrscherfamilie. Beim Gegenübersitzen musst du das Zeigen der Füße beziehungsweise der Fußsohlen unterlassen. Eine solche Haltung wird als Beleidigung eingestuft.«

»Das Treffen mit Scheich Tamim bin Hamad kann kommen, oder hast du noch andere Ratschläge?«, warf Richie ein.

»Dass deine Kleidung morgen geschäftsmäßig sein muss, brauche ich wohl nicht zu erwähnen.«

Dann beließ es Frank bei den bisherigen Ratschlägen, und sie begaben sich zum Boot zurück. Der Blick auf die Stadt war nun wirklich ein Zauberwerk. Das Panorama schimmerte nicht nur statisch in allen denkbaren Farben. Die Beleuchtung änderte sich vielmehr dauernd und wurde für die Rückfahrt ein fortwährendes Schauspiel. Farbige Lichtreflexe vom Land tanzten über den Spiegel des Meeres. Teilweise sah man ganze Hochhäuser auf dem Wasser abgebildet.

Richie bedankte sich für den gelungenen Abend. Er steuerte mit dem

Lift sein Zimmer an, wo er noch den Text der Vereinbarung las. Im Text fand er alles wieder, was sie besprochen hatten. Sein Vertrauen in Frank wurde nicht enttäuscht. Zufrieden ging er zu Bett.

Die Freunde warteten eine Dreiviertelstunde im Vorzimmer des Scheichs und nutzten die Zeit für ein Gespräch.

»Die Vereinbarung entspricht unseren Abmachungen. Wir können sie gern unterzeichnen«, kam Richie auf das Wichtigste zu sprechen.

»Dann haben wir nach unserem Treffen mit dem Scheich nicht mehr viel zu tun«, antwortete Frank.

»Das sehe ich genauso und will deine Zeit dann auch nicht mehr strapazieren. Ich denke an einen baldigen Abflug.«

»Lass uns heute noch hinaus in die Wüste fahren. Du musst auf jeden Fall die Kamelrennstrecken sehen. Sie liegen in Al Sheehaniya, circa 30 Autominuten von Doha entfernt. Die singenden Sanddünen sind auch ein Muss, und dann verbringen wir den Abend unter einem Himmel mit Millionen Sternen beim Barbecue in der Wüste, was hältst du davon?«

Richie war alles Vorgeschlagene recht. »Dann könnte ich morgen zurückfliegen«, meinte er nur.

»Ich finde, einen Tag zur freien Verfügung solltest du dir noch gönnen. Ich würde dir für übermorgen in der Früh den Rückflug buchen lassen, okay?«

Über ihrem Gespräch verging die Wartezeit. Scheich Tamim empfing sie hinter einem übergroßen Schreibtisch. Tamim bin Hamad erhob sich und ging ihnen entgegen. Er streckte erst Richie, dann Frank die Hand hin.

Sie nahmen sie mit einer Verbeugung und einem höflichen Gutenmorgengruß.

Der Scheich wies einladend auf die pompöse Ledersitzecke. Sie war ganz in Weiß gehalten und stand lichtüberflutet unter der Fensterfront.

Die beiden Deutschen nahmen erst Platz, als der Scheich sich schon niedergelassen hatte. Dann nahm er das Wort: »Sport ist der beste Weg, um jedermann auf dem Globus zu erreichen. Darum engagieren wir uns so sehr in diesem Bereich. Frank Schaaf hat unser vollstes Vertrauen. Ich mag überhaupt Deutsche, sie sind korrekt, effektiv und im Fußball meistens Sieger«, fügte er mit einem Lächeln hinzu. »Nun bringt er uns Sie. Mir ist bekannt, was er mit Ihnen vorhat, und ich billige es. Können wir mit Ihrer Hilfe rechnen?«

Richie war erleichtert, dass er sich Detailerklärungen ersparen konnte, und bemühte sich, genauso kurz und prägnant zu antworten wie sein Gegenüber: »Jawohl, Highness. Wir haben gestern eine Vereinbarung getroffen. Ich verspreche, mein Bestes in Ihrem Sinn zu tun.«

Der Scheich nickte gnädig und fuhr fort: »Sie haben bestimmt unsere Anlagen besichtigt. Lassen Sie mich Ihre Meinung wissen. Sind wir auf dem richtigen Weg?«

Richie hielt mit den Bedenken, die er Frank offenbart hatte, hinterm Berg. Er lobte nur die positiven Aspekte.

Sein Fazit gefiel dem Scheich augenscheinlich. Er stand auf und führte sie durch sein Zimmer, wobei er auf die vielen Siegestrophäen zu sprechen kam, die auf den Sideboards standen und an den Wänden hingen. »Das sind die Beweise für den Erfolg unseres Tuns«, erklärte er stolz.

Das Gespräch plätscherte noch eine Zeit ohne Turbulenzen dahin. Richie wurde klar, dass seine Hoheit sich nicht mit Detailfragen beschäftigte. Dafür hatte er seine Leute. Für ihn würde Frank, Gott sei Dank, die Bezugsperson bleiben, und das war gut so.

Der Scheich kam dann schnell zum Schluss: »Ich hatte vor, Sie zum Mittagessen auszuführen, aber ein TV-Interview macht mir das unmöglich. Ich wünsche, dass Frank diese Pflicht übernimmt.«

Nichts war den beiden lieber als das. Ihre Verabschiedung fiel huldvoll und höflich aus: »Allah yehfadek!«

»Was hältst du von dem Scheich?«, wollte Frank wissen. »Nach den Regeln von den drei Zwanzigern kann man gut mit ihm leben, er ist in Ordnung.«

»Was sind das für Regeln?«

»Es kommt auf die 20 Zentimeter seines Gesichts an, auf seine ersten 20 Worte und die ersten 20 Sekunden des Gesprächs. Ein Gesicht wirkt immer unmittelbar sympathisch oder unsympathisch. Seins wirkte auf mich sympathisch. Seine ersten zwanzig Worte in den ersten 20 Sekunden zeigten mir ebenfalls, dass ich Lust hatte, mich mit ihm auszutauschen, also war alles in Ordnung.«

»Das hört sich verrückt an. So eine Analyse habe ich noch nie gehört. Aber ihr Ergebnis ist für die Sache gut.«

Für die Fahrt in die Wüste benutzten sie einen klimatisierten 4x4 Jeep. Seine Reifen waren durch Herablassen des Drucks so präpariert, dass sie für eine Safari durch den Wüstensand tauglich waren.

Ihre erste Station machten sie bei der Kamelrennbahn. Die Rennstrecke zog sich mit mehreren Bahnen gerade durch den Sand. Viele Wagen parkten an ihrem Rand. Das Interesse an Kamelrennen war offensichtlich groß. Einige Tiere bewegten sich gelassen, andere in Hochgeschwindigkeit über die Strecke. Richie musste über die Roboterjockeys lächeln, die den Tieren auf den Rücken geschnallt waren und sie mit einer kleinen Peitsche zur Eile antrieben.

»Die Kamele bringen bis zu 60 Stundenkilometer Spitzengeschwindigkeit auf die Piste«, erklärte Frank. »Und das selbst bei größter Hitze!«

Sie sahen sich 2 Rennen an. Fachmännisch betrachteten sich die einheimischen Männer die Tiere und diskutierten ihre Qualitäten. Es wurde gewettet.

Für Richie sahen die Tiere edel, aber alle gleich aus. Die Rennen waren interessant. Trotzdem konnte er dem Ganzen nicht wirklich etwas abgewinnen. Fußball war besser!

Bald machten sie sich auf den Weg in die Zone der singenden Sanddünen. Sie hatten Glück, die Bedingungen stimmten. Als einige Sandlawinen ins Rutschen kamen und sich eine Vielzahl von Sandkörnern abwärtsbewegte, setzte deren Geräusch die Luft in Schwingung und produzierte den erhofften Klang. Das Naturhörspiel war faszinierend. Es bedurfte Geduld, es mehrfach zu erleben. Die beiden opferten dafür gern ihre Zeit. Anders als an der Rennstrecke fanden sie hier eine berührende Einsamkeit und genossen sie sehr.

Ihre Zeitplanung erwies sich als perfekt. Die Zeit war nun reif für den Safariritt durch den Wüstensand. Frank tat dies nicht zum ersten Mal, er beherrschte den Wagen in den Dünen wie ein Profi.

»In diesem Wirrwarr aus Sand und Hitze möchte ich mich nicht verirren«, warf Richie ein.

»Das wünsche ich dir auch nicht. Ich habe mal den Satz gehört: *Der Tod ist immer nur drei Wasserflaschen entfernt!* Aber bleib ruhig, wir fahren nur auf bekannten Pisten.«

Vor ihren Augen tauchten unvergessliche Fotomotive auf, die sie demütig bestaunten.

In der Dämmerung erreichten sie das Wüstencamp. WC und Dusche standen zur Verfügung, und sie machten sich frisch. Bald saßen sie bei Grillspeisen – Fisch wie Fleisch –, Wasser und anderen alkoholfreien Getränken mit vielen Gleichgesinnten zusammen und genossen die aufkommende Nacht mit dem herrlichen Firmament und den unzähligen Sternen. Erst spät in der Nacht machten sie sich auf den Heimweg. Richie war Frank ehrlich dankbar für die Dinge, die er ihm geboten hatte. Er drückte den Dank ein wenig spröde aus, aber er kam von Herzen.

Vor dem Hotel verabschiedeten sie sich mit Handschlag. »Es bleibt dabei, morgen gehört dir der Tag ganz allein. Gegen 19 Uhr komme ich vorbei, bringe deine Reiseunterlagen mit, und dann heißt es Abschied nehmen, am besten mit einem letzten guten Essen. Du hast bewiesen, dass du auch mit vollem Mund ordentlich reden kannst«, fügte er mit einem Lachen hinzu.

Morgens nach dem Frühstück ordnete Richie schon seine Sachen für die Abreise. Dann suchte er anhand des Reiseführers die Sehenswürdigkeiten aus, die er sich für den letzten Tag vornehmen wollte. Er entschied sich, die große Moschee zu besichtigen und das Museum für islamische Kunst. Den schönen ovalen Swimmingpool auf der Dachterrasse seines Hotels behielt er für den Schluss. Sich abkühlen und etwas ausruhen mit einem famosen Blick über die Stadt sollte Belohnung für die schweißtreibende Sightseeingtour werden.

Gegen 10:30 Uhr nahm er sich ein Taxi, um die Imam Muhammad ibn Abd al-Wahhab Mosque anzufahren. Das gewaltige Gebäude lag an der Kreuzung zwischen der Onaiza-Straße und der Khalifa-Straße. Es war mit seinem eleganten, fünfundsechzig Meter hohen Minarett schon beim Näherkommen nicht zu übersehen. In seinem Reiseführer las Richie, dass das Gotteshaus erst 2011 eröffnet worden war und bis zu dreißigtausend Gläubige fasste. Es hatte 93 Kuppeln, 28 auf der Gebetshalle und 65 kleinere auf der Vorhalle.

Richie begann sie zu zählen, gab das aber schnell wieder auf. Die Fassade war aus hellem Sandstein und wirkte sehr traditionell. Außer durch die 3 pompösen Hauptportale konnte die Moschee durch 17 Nebeneingänge betreten werden. Richie wählte eines der Hauptportale. Das Äußere ging mit der modernen, großzügigen Gestaltung im Innenraum Hand in Hand. Der Gebetsraum war ganz in Rot und Gold gehalten, er stand nur Männern offen. Frauen hatten einen eigenen Raum.

Richie beobachtete verstohlen das demütige Verhalten der Gläubigen und wurde von dem fremdartigen Flair gefangen genommen.

Als er die Moschee wieder verließ, brauchte er nicht lange, um ein Taxi zu finden. Nun ging es Richtung Hafen. Das Museum befand sich auf einer künstlichen Aufschüttung weit ins Meer vorgebaut und war über einen Zuweg aus Beton erreichbar. Das fünfstöckige Gebäude aus cremefarbenem Sandstein ähnelte wirklich, wie im Reiseführer beschrieben, den Sanddünen der Katarischen Wüste. Das Innere war gekonnt beleuchtet. Helle Wände und Böden standen in starkem Kontrast zu dunkelgrauem Stein und blankpoliertem Holz aus Brasilien.

Richie beschränkte sich auf die Besichtigung von Keramiken, Textilien und Waffen. Eine goldfarbene Gesichtsmaske, die Rüstung eines Kämpfers zu Pferd, das ebenfalls in Rüstung war, formschöne Gefäße und Kacheln ließen erkennen, welche großartigen Künstler in dieser Region schon in der Frühzeit zuhause gewesen waren.

Der Abschluss im Hotelswimmingpool verlief genau so, wie er ihn sich vorgestellt hatte: erholsam und erfrischend und mit viel Fürsorge des Personals.

Frank kam pünktlich und erklärte, dass sie zur West Bay fahren würden. »Wir gehen ins Restaurant Hakkasan im St.-Regis-Hotel. Ich habe einen schönen Tisch reserviert. Es gibt auch eine Bar, in der man Alkohol bekommen kann.«

Richie winkte ab. »Ich möchte trotz des großen Abschiedsschmerzes weiter alkoholfrei bleiben«, sagte er mit einem Lächeln.

Sie betraten einen abgedunkelten, kühlen Raum mit vielen Leuchtelementen, blau und bernsteinfarben gehalten. Die Atmosphäre war anheimelnd.

»Von den Gerichten möchte ich dir eine Vorspeise empfehlen, die es nur hier gibt«, sagte Frank. »Die knusprigen Scampi mit Foie-Gras-Sauce sind köstlich.«

Richie ließ sich überzeugen, und sie bestellten beide die Vorspeise. Als Hauptgang wählte Richie exotisch gewürzte Seefrüchte mit kross gebratenen Nudeln und einem kleinen Salat. Frank nahm gegrillten Seebarsch mit chinesischem Honig und 4 Arten von Gemüse. Die Zubereitung enttäuschte sie nicht, und sie aßen mit Lust.

Über Geschäftliches wurde nicht mehr geredet, stattdessen schwebten sie in nostalgischen Erinnerungen ihrer gemeinsamen Afrikazeit.

Gegen 22:30 Uhr läutete Frank den Abschied ein: »Wir sollten Schluss machen, du musst morgen frühzeitig aus den Federn. Unser Abschied steht so oder so vor der Tür. Morgen werde ich dich nicht zum Flughafen bringen. Ich mag keine Sentimentalitäten. Wir müssen uns also heute adieu sagen.«

»Sentimentalitäten liegen mir auch nicht«, erwiderte Richie.

In der Lobby des Hotels umarmten sie sich kurz, und Frank äußerte einen letzten Wunsch: »Lass dir mit der Suche nach dem Wunderspieler nicht zu viel Zeit. Ich könnte in diesem Jahr noch ein Erfolgserlebnis für meinen Boss gebrauchen.«

»Also gut, ich gebe mir Mühe, dein Christkindchen zu werden.«

»Das wäre eine schöne Bescherung!«

Sie gingen auseinander, ohne sich noch einmal umzusehen.

Der Rückflug verlief ohne besondere Vorkommnisse. Der Fahrer hatte für die Gepäckaufgabe gesorgt und brachte Richie trotz Business Class Ticket mit einer Sondererlaubnis in die VIP-Lounge der ersten Klasse. Dort wurde er entsprechend der bisher erlebten Gastfreundschaft bis zum Aufruf seiner Maschine verwöhnt.

Richie verschlief einen Großteil der Flugzeit. Schließlich landete er pünktlich in Frankfurt. Er hatte Mira nicht vorgewarnt, wollte sie überraschen. So musste er mit dem Taxi nach Kronberg fahren.

Den Empfang hatte er sich allerdings anders vorgestellt. Die Wohnung war leer, Mira war ausgeflogen.

Er gönnte sich seit Langem mal wieder ein kühles Bier, dann ging er enttäuscht zu Bett.

Als Mira nachhause kam, war sie über seine unangekündigte Anwesenheit verwundert und verärgert. Sie ließ ihn einfach schlafen.

Am Morgen nahm sie über sein Verhalten kein Blatt vor den Mund: »Du hast dich kein einziges Mal gemeldet. Das ist keine Art.«

»Ich war andauernd im Stress«, nahm sie nicht als Entschuldigung hin.

»Nicht einmal eine Info zu deinem Ankunftstermin!«

»Ich wollte dich überraschen und dir das Abholen vom Flughafen ersparen«, erklärte Richie schon leicht genervt.

»Glaubst du wirklich, dass ich ein Hausmütterchen bin, das angewurzelt auf die Rückkehr des Liebsten wartet? Hast du dir vielleicht sogar verlaufene Schminke in verweintem Gesicht vorgestellt?«

»Ich muss mir gar nichts mehr vorstellen. Inzwischen weiß ich, dass dem nicht so ist«, antwortete Richie patzig.

Ein längeres Schweigen beruhigte die Gemüter etwas.

»Hat sich deine Reise wenigstens gelohnt?«, wollte Mira wissen.

Richie überlegte, wie er antworten sollte, und entschied sich für eine vage Erwiderung: »Die Reise verlief besser, als ich erwartet habe. Es haben sich für die Zukunft interessante Optionen ergeben.«

»Geht es vielleicht ein wenig deutlicher?«

»Ach Mira, lass mich erst einmal ankommen. Heute Abend können wir reden. Ich möchte jetzt möglichst schnell ins Büro.«

Eisiges Schweigen.

Willkommen zuhause, dachte Richie vergrätzt und verließ das Haus.

Mira war verschwunden, und er rief kein »Auf Wiedersehen« hinter ihr her.

.

Raum Frankfurt

Der Empfang im Olympiastützpunkt gefiel Richie ungleich besser als der zuhause. Seine Geschäftsführerkollegen waren neugierig auf seinen Bericht. Er erzählte und beantwortete geduldig alle Fragen. Beim Reden lebte eine Menge nochmals vor seinem inneren Auge auf. Er wurde etwas unruhig, als er sie über seine Absicht, fortzugehen, informieren musste. Doch dieser Umstand warf keine Probleme auf. Seine Kollegen zeigten großes Verständnis und gratulierten ihm sogar zu dem Angebot. Er musste allerdings versprechen, seine Präsentation noch den Entscheidungsgremien vorzustellen. Das hieß zu seiner Erleichterung, zum Monatsende konnte er gehen.

In ihm wuchs das Gefühl, dass sein Kündigungswunsch gar nicht ungelegen kam. Die Mittel des Stützpunkts waren knapp, und man suchte nach Einsparungsmöglichkeiten. Er würde mit der Präsentation etwas abliefern, was ein Schlusspunkt seiner Tätigkeit sein konnte. Alles war gut!

Dass es mit Mira auch so einfach würde, wünschte er sich und dachte mit Sorgen an den kommenden Abend.

Strichregen, Kühle, eine graue Wand verbarg den schönen Blick in die Landschaft, als Richie nachhause fuhr. Alles war so trist, wie er sich fühlte. Seine Gedanken strukturierten sich jedoch immer klarer: Er wollte auf jeden Fall auf der Startbahn zu einem neuen Leben bleiben. Er wünschte sich das so sehr. Das Angebot von Frank schien ihm eine letzte Chance zu sein. Eine Aussprache mit Mira war unumgänglich. Es wäre auch unfair, sie weiter hinauszuzögern. Er musste mit Meinungsunterschieden rechnen. Schließlich hatte er sich schon früh geschworen, bei etwas Größerem anzukommen, als es der enge Grundriss seines

Elternhauses geboten hatte. Mira schien ein solcher Grundriss hingegen zu genügen.

Als er die Haustür öffnete, fragte er sich, wie oft er das wohl noch tun würde. Er rechnete mit dem Schlimmsten.

Mira saß im Halbdunkel des Wohnzimmers. Dass sie auf ihn wartete, war offensichtlich. Er grüßte sie mit einem Nicken und einem vorsichtigen Lächeln. Ihr Mund hatte sich zu einer säuerlichen Kirsche zusammengezogen. Ihr Gesicht war ein Sinnbild von Skepsis.

»Wir müssen reden. Warum hast du dich so verhalten?«, sagte sie leise.

»Du formulierst schon deine Frage als Vorwurf. Du kannst mein schlechtes Gewissen nicht Männchen machen lassen. Alles hat seinen Grund«, gab er zurück.

»Dann lass mich hören.«

Richie erzählte ruhig und vollständig, was sich in Katar ereignet hatte.

Miras Augen wurden immer größer, aber sie unterbrach ihn nicht.

Als er zum Ende gekommen war, zog er sein Fazit: »Diese Chance lass ich mir nicht entgehen. Ich muss nach Afrika. Du kannst natürlich gerne mitkommen. Ich würde mich darüber freuen.« Er wusste genau, dass er mit diesem Vorschlag nur eine fadenscheinige Brücke baute.

Die Antwort fiel entsprechend aus: »Ich kann nicht mit nach Afrika kommen.«

»Alles kann man, wenn man nur will, sagen die Pädagogen.«

»Na gut, dann will ich eben nicht.«

»Jetzt bist du wenigstens ehrlich. Du hast meinen Lebensplan nie akzeptiert, vielmehr versucht, mich in deinem Sinne zu domestizieren. Damit bist du immer forscher geworden.«

»Das ist doch Blödsinn. Du kanntest schließlich auch meine Pläne von Anfang an.«

»Ja, das stimmt. Du wünschst dir aber leider ein ganz anderes Design. Du suchst Sicherheit, gewohnte Heimat, Bewahren, letztlich Statik. Das war noch nie mein Ding. Ich hatte gehofft, dich überzeugen zu können. Frag dich mal, wie viel wir miteinander teilen. Haben wir verträgliche

Temperamente, Verhaltensweisen oder Ziele? Sind unsere Überzeugungen und die Sicht auf die Welt kompatibel?«

Nach diesem Frontalangriff war Mira sprachlos. Schließlich sagte sie fast ohne Stimme: »Aber du hast doch gesagt, dass du mich liebst.«

»Man braucht aber auch eine intakte Partnerschaft. Liebe und Partnerschaft sind nicht dasselbe. Sich verlieben ist einfach, aber wie man eine Beziehung lebt, daran scheitern die meisten. Was du mir abverlangen willst, ist Liebe, wie sie uns Filme, Romane oder die Werbung in den Kopf pflanzen. Die löst nicht die Probleme unserer Beziehung. Da hat es sich schnell ausgeliebt.« Richie überzeichnete die Situation bewusst. »Es bleibt eben nicht der Zauber des Anfangs. Schnell gilt es, Stress zu bewältigen, Stress, weil die Partner ungleiche Erwartungen haben und ungleiches Verhalten. Anstatt die romantische Liebe zu predigen, muss man dann bestmöglich Stress bewältigen.«

»Aha, du meinst, unsere Partnerschaft ist schlimmer Alltag, der dahindümpelt wie ein Schiff auf rauer See.«

»Ja, ich meine sogar, es nimmt schon Wasser auf«, antwortete er hart. Dann lenkte er ein wenig ein: »Vielleicht brauchen wir nur Abstand voneinander. Ich mag dich immer noch.« Er versuchte sich bei diesem Satz an ihre schönen Zeiten zu erinnern, doch die Bilder in seinem Kopf waren brüchig.

»Also liebst du mich nicht mehr«, antwortete sie. »Sag doch schon: Liebe macht blind, und wer vor der Heirat steht, kann plötzlich wieder sehen.« Ihre Augen hatten das Glänzen von zurückgehaltenen Tränen.

Es ist seltsam, in was sich die Worte eines Mannes in einem Frauenohr verwandeln, dachte er verbittert und schwieg.

»Abstand hättest du ja in Afrika«, giftete sie weiter.

»Nähe ist keine Frage der Entfernung«, sagte er gereizt. »Deine Selbstgerechtigkeit ist so ausgeprägt wie die Fettleber eines Trinkers.«

Sie schüttelte resignierend den Kopf und bekam kleine Falten an der Nasenwurzel, die weiteres Unheil bedeuteten. »Gefühle werden anscheinend nicht so alt wie wir«, murmelte sie leise. Sie wurde wieder laut und hielt ihre Meinung nicht zurück: »Dein Vorschlag bringt keine Lösung.

Du bist nun deutlich genug geworden. Ich habe erkannt, wie du unsere Beziehung beurteilst. Das tut weh, ist aber nun Fakt. Die Folgerungen vor sich herzuschieben, wäre Dummheit.«

Dass die Sache so rasant Fahrt aufnehmen würde, hatte Richie weder gewollt noch gedacht. Schon aus Sympathie und Fürsorgepflicht wollte er Mira vor vorschnellen Entscheidungen bewahren: »Du hast dir hier etwas aufgebaut. Dein Arbeitsplatz befindet sich im gemeinsam angemieteten Haus. Ich möchte dich nicht mit unerwarteten Lasten sitzen lassen. Ich werde für meinen finanziellen Anteil weiter aufkommen, bis sich für dich eine andere Regelung findet. Ich bin nicht gefühllos, erst recht kein Schwein.«

»Mach dir keine Sorgen um mich. Ich habe Liebe gesucht. Liebe bedeutet heute nicht mehr Unterstützung und Versorgung.«

Die Standpunkte hatten sich festgefahren. Schließlich konnten sie sich wenigstens darauf einigen, möglichst friedlich zu regeln, wie es weitergehen sollte. Richie versprach, schon am nächsten Morgen im Olympiastützpunkt abzuklären, ob er dort für die Übergangszeit wohnen könne.

Beide verzogen sich für die Nacht, wund an der Seele, in weit voneinander entfernte Ecken des Hauses.

Mira wälzte sich aufgewühlt in ihrem Bett herum. Sie suchte nach einem Schlussstrich, der sie einschlafen ließ. Endlich fand sie ihn mit dem laut ausgesprochenen Satz: »Rutsch mir doch den Buckel runter!«

Richie hatte sein Ziel erreicht. Aber da war ein Gefühl der Leere, er verspürte kein Glücksgefühl. Sah sein Unterbewusstsein das Aufkommen von Gefahren? Er wies das zurück. Er hatte es so gewollt, jetzt war er frei. *On the road again!* Das Lied von Canned Heat kam ihm wie von selbst in den Sinn.

Richie konnte im Olympiastützpunkt Unterkunft finden. Nur ein bescheidener Betrag für Logis wurde ihm vom Gehalt abgezogen. Mit Mira hielt er nur noch Kontakt über Telefon. Sie wollte es so. Sie regelten ohne Gefeilsche, was er vom Hausstand mitnehmen würde. Er beanspruchte nicht viel, nur seine privaten Dinge. Das Haus blieb ohne weitere Zukäufe für

Mira bewohnbar. Sie nahm die Regelung hin, allerdings ohne Dank. Bald fand er eine Möglichkeit, seine Gegenstände günstig einzulagern, und im Olympiastützpunkt kam die Sitzung, die über seinen Marketingvorschlag entscheiden sollte, immer näher. Sein Abschied von Deutschland wurde konkret. Frank hielt er mit kurzen Zwischenberichten bei Laune.

Douala

Als er abflog, gab es niemanden, der winkte, selbst niemand, der traurig war. Schließlich hatte er zu abrupt die Reißleine gezogen.

Er hatte einen Flug mit Air France gebucht, mit einem Zwischenstopp in Paris:

23. September

AF 1019, 7:25 Uhr Frankfurt, International Airport

8:55 Uhr Paris, Charles de Gaulle

AF 958, 11:20 Uhr Charles de Gaulle

16:45 Uhr Douala

Den Flug und den Zwischenaufenthalt in Paris verbrachte Richie mit Dösen und Lesen.

Er war froh, als er schließlich in Douala landete. Die eine Stunde Zeitunterschied merkte er gar nicht. Die langen Gänge des Flughafengebäudes waren fensterlos und nur mit magerem künstlichem Licht beleuchtet. Schon 20 Meter vor sich erfasste man andere Fluggäste nur noch als Schatten. Aber das Gebäude war angenehm temperiert. Er konnte nicht sagen, ob das an einer Klimaanlage lag oder auf die kühlere Regenzeit zurückzuführen war.

Als er sich der Gepäckausgabe näherte, erschrak er. Ein Pulk von Farbigen saß in stoischer Ruhe auf dem Steinboden, überall häuften sich Gepäckstücke, und an den Ausgabeschaltern tat sich wenig. Anscheinend hatte sich in den letzten Jahren in Afrika wenig geändert. Ob ich jemals mein Gepäck bekomme? Seine Befürchtung war unnötig. Das Gepäck kam schneller als manchmal in Düsseldorf in den Abendstunden, wenn die Maschinen von den Kanarischen Inseln landeten. Den dann erforderlichen Zeitbedarf kannte er aus eigener Erfahrung.

Er nahm seine 2 Koffer und machte sich auf den Weg zum Ausgang. Die Wetteranzeige neben dem Portal gab folgende Werte an: 23 °C, Wind aus Südwest mit 11 km/h, 84 % Luftfeuchtigkeit.

Als Richie aus der Halle trat, erfasste ihn ein Regenschauer. Der Regen hämmerte vom grauen Himmel herab. Die Vorbauten des tristen zweigeschossigen Betonbaus gaben wenig Schutz. Er begann trotz der 23 °C zu frösteln, denn sein Hemd war schnell klatschnass und kühlte im Wind rasch aus.

Der Flughafen lag 4 Kilometer südöstlich des Stadtzentrums. Zu seinem Hotel musste die Wegstrecke kürzer sein. Er hatte das Star Land Hotel ausgewählt. Es lag an der Rue Dominique Savio Primaire Bonapriso und war dem Flughafen näher als das Zentrum. Laut Internet war es das beste Hotel für Geschäftsreisende in ganz Kamerun. Die Zimmer sollten sehr sauber sein und gepflegte Bäder haben. Die Bewertung sprach von einem guten Restaurant und tollem Service. Eine Bar auf dem Dach wurde besonders gelobt.

Als Richie endlich ein Taxi für sich allein ergatterte, war er völlig durchgeweicht. »Zum Star Land Hotel«, wies er den Fahrer an. »Wie lange werden wir brauchen?«

»Wir fahren größtenteils über die N3, Monsieur, das wären sieben Minuten ohne Verkehr. Jetzt herrscht aber Stau, Sie werden Geduld brauchen.«

Das Taxi war eine alte Kiste. Die Fenster schlossen nicht richtig. Bald musste Richie den beißenden Ruß überfüllter Wagen einatmen, die auf der Stelle standen und ohne Katalysator Gift aus dem Auspuff spuckten.

Seelenruhig standen die Fahrer im Stau. LKWs mit abenteuerlichen Aufbauten blockierten zudem eine Straßenhälfte. Willkommen in Afrika! Nur Mopeds und Motorräder schlängelten sich schneller durch den Stillstand.

Neugierig besah Richie das Gewusel um sich herum. Links und rechts der Straße standen hohe Strommasten. Sie überragten Bäume und Büsche, die wegen der Regenzeit sehr grün waren. Er sah viele Frauen mit Lasten auf dem Kopf, Säcke, Schüsseln und selbst Bananenstauden. Kopfarbeit, dachte er belustigt. An den Bushaltestellen saßen Wartende fatalistisch auf dem Boden und hofften, dass bald ein Bus käme und sie mitnähme.

Richies Fahrer ging in Schritttempo über, die Piste ließ es plötzlich zu. Sie brauchten trotzdem über eine halbe Stunde für die wenigen Kilometer.

Mit seinem Hotel war Richie zufrieden. Er wohnte im sechsten Stock, sein Blick aus dem Fenster ging auf den blau gestrichenen Swimmingpool. Er sah bei diesem Wetter nicht einladend aus. Die strahlende Farbe des Beckens gab ein wenig Vorstellung, wie es bei Sonne aussehen konnte.

Richie verteilte seine Habseligkeiten so im Zimmer, dass sie für den Aufenthalt sinnvoll untergebracht waren. Er prüfte mit dem Laptop, ob die WLAN-Verbindung funktionierte. Alles war okay.

Für den Abend beschloss er, sich eine Kleinigkeit aufs Zimmer zu bestellen. Er wollte das Stadtgebiet in den nächsten Tagen erforschen, um zu wissen, wo er nach einem Spieler suchen musste. Er verschaffte sich in seinem Reiseführer einen Überblick über die Stadt:

Douala war mit über 2 Millionen Einwohnern die größte Stadt Kameruns. Sie war nach dem Volk der Douala genannt. In ihr wurde hauptsächlich Französisch gesprochen. Als Hauptstadt der Region Litoral und Wirtschaftsmetropole des Verwaltungsbezirks Wouri lag die Stadt 24 Kilometer von der Küste des Atlantiks entfernt am Ufer des Flusses Wouri. Der größte Teil der Stadt lag an dessen linkem Ufer. An seinem Flussdelta war der wichtigste und größte Hafen von Kamerun entstanden. Edelhölzer zählten zu den Hauptexportgütern. Der Hafen galt als Zentrum der Korruption. Die Zollabfertigung war völlig intransparent. Willkür und Bürokratie kennzeichneten den Warenumschlag. Die hohen Beschaffungsnebenkosten, die sich ergaben, reizten die Kaufleute, Abgaben zu umgehen. Das führte zu Steuerausfällen, Rechtsunsicherheit und Wettbewerbsverzerrung. Die Korruption war ein enormes Problem des Landes überhaupt. Kamerun nahm auf der Weltrangliste Platz 146 von insgesamt 178 gelisteten Staaten ein. Je höher die Platzzahl lag, desto mehr Korruption war gegeben.

Rund um diesen düsteren Hafenbereich war Armut und Kriminalität zuhause. Richie vermutete hier zu Recht einen Tummelplatz für Straßenkinder. Hier würde er vorbeischauen.

Zu Kindern fand Richie interessante Angaben: Die Einschulungsquote betrug überraschende 79 % und war für afrikanische Verhältnisse hoch. Der Schulbesuch an staatlichen Grundschulen war aber auch kostenlos. Schulmaterial, Uniformen und Pausenverpflegung mussten hingegen von den Eltern getragen werden, was die Einschulungsrate in den Armenvierteln stark senkte. Trotz Schulpflicht betrug der Anteil der Analphabeten über 25%. Die Ethnologie- Datenbank listet aktuell 285 Sprachen im Staatsgebiet auf. Amtssprachen waren für rund 80 % der Bevölkerung Französisch und 20 % Englisch.

Rund 69,2 % der Bevölkerung waren Christen. Ein großer Teil praktizierte zudem überlieferte Naturreligionen.

Douala war Universitätsstadt. Die Universität lag in der Nähe von Bepanda, einem ziemlich armen Viertel, das für Richie ebenfalls von Interesse war.

Auch wenn er nicht in Vereinen nach seinem Wunderspieler suchen wollte, machte er sich über die Vereinsszene kundig: Es gab mehrere Fußballvereine, Les Astres FC, Caïman Douala, Léopards Douala, Oryx Douala, Union Douala und mit der Kadji Sports Academie auch ein Sportinternat.

Mit minderem Interesse scrollte er sich durch die Sehenswürdigkeiten der Stadt. Es erschien ihm kaum etwas sehenswert. Einige Märkte wurden zur Ansicht empfohlen, besonders Blumenmärkte. Die interessierten ihn gar nicht. Mitten in der Stadt, am Place Deido, in der Mitte des Kreisels, stand die 12 Meter hohe Statue La Nouvelle Liberté. Sie wurde 1996 von dem Künstler Joseph-Francis Sumégné aus recycelten Materialien erschaffen. Das zugehörige Foto ließ sein Interesse sofort versiegen. Eine Besichtigung, außer bei zufälligem Vorbeigehen, schien ihm nicht notwendig.

Der ehemalige Königspalast, La Pagode, ganz in der Nähe der Statue, sah recht gefällig aus. Der Palast war nur 2,8 Kilometer vom Hotel entfernt und bot sich für einen Spaziergang an, wenn es mal nicht regnete. Er konnte auch dorthin joggen – hin und zurück. Gleiches galt für die Peter-und-Paul-Kathedrale, die 1936 im neoromanischen Stil erbaut worden war und nur in zweieinhalb Kilometer Entfernung lag. Der Temple du

Centenaire, die baptistische Kirche, errichtet 1945 zur Erinnerung an das hundertjährige Jubiläum der Ankunft des Missionars Alfred Saker, war mit 3,5 Kilometer am weitesten entfernt, aber auch fußläufig erreichbar. Die Vielzahl der christlichen Kirchen erinnert an die Kolonialzeit, dachte Richie. Abschließend suchte er nach Auskunft- und Kontaktstellen. Die deutsche Botschaft war in der Hauptstadt Jaunde. Ein deutsches Konsulat gab es in Duala ebenfalls nicht. Für irgendwelche amtliche Fragen empfahl sich das Generalkonsulat von Frankreich, das deutschen EU-Bürgern gern seine Hilfe anbot. Es lag an der Rue des Cocotiers.

Richie konnte es nicht lassen, an seinem ersten Abend noch das Schlagwort »Straßenfußball Douala« einzugeben. Mit der African Foot Academie erhielt er darauf einen interessanten Hinweis. Er las die Erläuterungen voll Interesse: Die Akademie verdankte ihre Gründung der Erkenntnis, dass in Kamerun und besonders in Duala viele junge talentierte Fußballer gezielte Förderung verdienten. Fußball ist in Afrika, vor allem im Westen des Kontinents, fast schon Religion. Überall wird gekickt, notfalls auch mit Bällen aus zusammengeknoteten Lumpen. Viele Jugendliche träumen davon, eines Tages von europäischen Clubs engagiert zu werden, war eine Kernfeststellung dazu, die sich bestens mit seiner Meinung deckte. Deshalb wurden von dieser Akademie talentierte Sportler der Region ganzheitlich gefördert und fußballerisch so ausgebildet, dass sie zunächst Profivereinen des Landes angeboten werden konnten. Richie las, dass die Ausbildungsrichtlinien des Deutschen Fußballbundes mit umfassenden Ratschlägen zu technisch-taktischem sowie konditionellem Training eine große Rolle spielten. Als wichtige Ausbildungsbausteine wurden daneben erwähnt: die Förderung der Persönlichkeitsentwicklung, das Gesundheitsmanagement, der Umgang mit den Medien, aber auch die geistige und schulische Fortbildung. Für all dies wurden Lehrkräfte und gut ausgebildete Trainer eingesetzt. Man suchte sogar speziell Trainer mit deutschem Trainerschein. Den konnte Richie vorweisen. Eine Stelle als Spielerscout war kurzfristig frei, gern auch nur für kurze Zeit, und Richie beschloss, ins Gespräch zu kommen, indem er sich um eine solche Stelle bewarb. Kontaktpersonen für einen Vorstellungstermin waren sehr professionell mit Foto angeführt. Richie entschied sich für einen Farbigen namens Romeo Pawossi. Er sah sympathisch aus, Richie schätzte ihn auf Mitte dreißig. Er schrieb sich die notwendigen Daten auf, dann machte er für diesen Abend Schluss. Er schlief gut und traumlos.

Nach dem Frühstück überdachte er, wie er hinsichtlich der Akademie vorgehen wollte. Er würde als interessierter Bewerber auftreten. Mit seiner profunden Ausbildung war er selbstsicher genug, dass er auf Interesse stieß.

Die Homepage von African Foot enthielt keine Angaben zu Vergütungen. Vielleicht suchte man ja nur ehrenamtliche Kräfte. Das war für Richie ohne Bedeutung. Er wollte ja nur einen Interessenten spielen und nicht wirklich dort anfangen. Ihm ging es darum, Einzelheiten über die Situation der kleinen Straßenfußballer in Duala zu erfahren. Er wollte wissen, wo man sie antraf und wie man sie ansprach.

Als er wieder auf seinem Zimmer war, wählte er die Nummer der Akademie. Eine afrikanische Frauenstimme grüßte freundlich. Er nannte seinen Namen und sagte: »Ich würde gern Herrn Romeo Pawossi sprechen. Ist er heute zu erreichen?«

»Einen Moment, ich verbinde«, kam es durch die Leitung zurück.

Nach wenigen Sekunden des Umschaltens meldete sich eine gutturale Stimme: »Hier Pawossi, was kann ich für Sie tun?«

Richie stellte sich vor und erklärte, was er auf dem Herzen hatte.

Romeo Pawossi zeigte sofort Interesse an ihm und lud ihn ein, doch noch am Vormittag vorbeizuschauen.

Richie tat nichts lieber als das. Unten in der Lobby bestellte er sich ein Taxi und fuhr zur Akademie. Es war grau und windig, aber es regnete nicht.

Der Fahrer war schweigsam. Richie war das recht, so konnte er sich alle Fragen, die er stellen wollte, nochmals durch den Kopf gehen lassen. Sie kamen gut voran.

Selbst das Ende der Fahrt kündigte der Fahrer nur kurz und trocken an. Er fuhr an den Straßenrand, deutete auf ein größeres Anwesen und meinte: »Voilà, Monsieur.«

Sie befanden sich am Boulevard de la Republique. Wie die meisten größeren Häuser war auch dieses hinter einer hohen Mauer verborgen, die zum Schutz gegen Einbrecher von metallenen Speerspitzen gekrönt war.

Das Eingangsportal war bewacht, und man ließ Richie erst ein, als er sich ausgewiesen und den Namen seines Gesprächspartners genannt hatte.

Romeo Pawossi empfing ihn freundlich: »Aha, Sie sind der deutsche Trainer, wann wollen Sie bei uns anfangen?« Die Frage war scherzhaft hinzugefügt.

Richie ging auf den lockeren Ton ein und antwortete: »Am liebsten sofort, ich habe große Lust darauf.«

Pawossi wurde etwas geschäftsmäßiger: »Wie haben Sie uns gefunden?«

»Ich bin in Kamerun, um mich mit dem Phänomen des Straßenfußballs bekanntzumachen. Dazu habe ich im Internet gegoogelt und bin auf Ihre Akademie gestoßen.«

»Viele der kleinen Fußballer, die wir entdeckt haben und nun fördern, kommen wirklich von der Straße. Es lohnt, sich mit ihnen zu beschäftigen, und ist aller Ehren wert, dass Sie das ebenfalls tun wollen.«

»Danke für das Kompliment. Ich weiß, dass es in Douala viele Straßenkinder gibt. Wie suchen Sie den Kontakt zu denen?«

»Wir kennen einige unterschiedliche Kategorien: Es gibt Kinder, die trotz vorhandener Eltern überwiegend auf der Straße leben. Davon lungert eine Vielzahl herum und hält sich durch Betteln und Stehlen über Wasser. Der Rest von ihnen geht kleineren Arbeiten nach. Die gleichen Gruppen finden sich auch bei von ihren Familien örtlich getrennten Kindern. Alle muss man unterschiedlich ansprechen. Natürlich finden wir sie meist in den ärmeren Stadtvierteln.«

Richie war sofort klar, dass für ihn nur Kinder infrage kamen, die Kontakt zu ihren Eltern hatten. Schließlich brauchte er deren Einverständnis für eine Vormundschaft. Ihn interessierte, in welchen Vierteln er die finden konnte, und er fragte danach.

»Besonders ergiebig ist das gesamte Hafengebiet. Das Viertel New Bell gehört auch dazu. Dort sind schon immer Fußballtalente groß geworden.

Samuel Eto'o ist einer der berühmtesten von ihnen«, erwiderte Romeo Pawossi mit Stolz in der Stimme. »Mit 10,5 Millionen Euro Jahresgehalt wurde er der Topverdiener der Serie A in Italien. Er gewann mit unserem Team im Jahr 2000 Olympiagold sowie zweimal die Afrikameisterschaft.«

»Was sagen Sie zu dem Vorort Bepanda?«, fragte Richie.

»Ich sehe Sie bestens informiert«, kam sofort die Bestätigung. »Auch der Industrievorort Bonabéri ist für eine Suche geeignet«, fügte Pawossi hinzu.

Er drehte sodann den Spieß um und fragte alles, was er von Richie wissen wollte. Der antwortete bereitwillig und zur Zufriedenheit des Farbigen, denn er wiederholte seine schon früher gestellte Frage in ernstem Ton: »Sie wären nach Ihren Schilderungen ein Wunschkandidat. Fußballlehrer mit deutscher Trainerlizenz suchen wir immer. Wann könnten Sie bei uns anfangen? Ich habe im Übrigen auch schon ein Betätigungsfeld für Sie im Sinn: Unser besonderer Stolz ist der Fando Kids Cup, die größte Straßenfußballturnierserie Afrikas, dessen Finalspiel in Douala organisiert wird. Schon bei der Organisation des Finales brauchen wir Trainer, aber auch danach, um die fähigsten Spieler in den Vereinssport zu überführen.«

Es war an Richie, auf die Bremse zu treten. »Ich möchte mich nicht übereilt festlegen. Bitte haben Sie Verständnis, dass ich etwas Bedenkzeit brauche. Eine Zusammenarbeit mit der Akademie wäre großartig, aber ich möchte mich noch etwas umsehen.«

Er glaubte im Gesicht seines Gesprächspartners Enttäuschung zu entdecken. Trotzdem fiel dessen Antwort verbindlich aus: »Das muss ich akzeptieren. Ich würde mich freuen, wir blieben in Kontakt. Scheuen Sie sich nicht, weitere Fragen zu stellen. Ich bin gerne für Sie da.«

Richie bedankte sich für das Angebot. Die beiden Männer verabschiedeten sich mit einem festen Händedruck, als gelte es, etwas zu besiegeln.

Er fuhr in die Gegend seines Hotels zurück. Dort suchte er für ein spätes Mittagessen ein kleines Restaurant auf, das auf seiner Speisekarte mehrere afrikanische Gerichte anbot. Er wählte Crevetten und Rindfleisch mit jungem Spinat, Erdnüssen, Tomaten und gekochten Yamswurzeln. Dazu bestellte er sich ein kaltes Bier.

Er aß mit Appetit, es schmeckte ihm. Dabei dachte er über sein Gespräch in der Akademie nach. Vielleicht war es sinnvoll, sich die jungen Spieler anzusehen, die dort gefördert wurden. Möglicherweise fand er dort doch seinen Wunschkandidaten. Diesen Gedanken verwarf er jedoch schnell wieder. Die Jungen wurden bereits nach einem bestimmten System geschult. Zudem arbeitete die Akademie mit Vereinen zusammen. Er wollte aber ein völlig unverfälschtes und unbeeinflusstes Straßenkind mit nach Katar bringen. Ein Fußballer aus der Akademie konnte nur die allerletzte Möglichkeit sein, zunächst würde er selbst in den Armenvierteln auf Suche gehen.

Einmal mehr war der Himmel trübe, und die Sonne schaute kaum durch die Wolken. Die Temperatur war mit einundzwanzig Grad sehr erträglich, und es regnete nicht. Richie beschloss sich umzuziehen und ein wenig zu joggen. Er nahm sich vor, bis zur Pagode und wieder zurück zu laufen. Er wählte die schmaleren Straßen parallel zur N14, um die hässlichen Abgase der Fahrzeuge auf der Hauptstraße zu meiden. In den Nebenstraßen war die Luft erträglicher.

Plötzlich schlug ihm laute Musik entgegen. Er lief geradezu in eine Hochzeitsparty hinein, die auf der Straße stattfand. Die Farbigen tanzten und bewegten sich zum Rhythmus der Musik, es herrschte pure Lebensfreude. Ein schmächtiger junger Mann in weitem Gewand fuhr mit seinem verrosteten Geländewagen forsch an der Feier vorbei und hupte ununterbrochen.

Richie erreichte die Pagode schneller als erwartet. Sie war recht ansehnlich. Ganz in Weiß gehalten, wenn auch nicht mehr ganz rein, mit dunklem Dach, der stufenartigen Mehrgeschossigkeit und den vielen Rundbögen konnte man sie sich gut als alten Königspalast vorstellen. Links und rechts am Straßenrand standen hohe Bäume. Frauen verkauften zubereitetes Essen, Kinder frisches Gemüse.

Auf dem Rückweg passierte er la Place Deido. In der Mitte des Kreisels stand die monumentale Skulptur von Joseph-Francis Sumégné. Sie war im Original so hässlich wie auf dem Bild seines Reiseführers. Für ihn war sie nicht wert, den Lauf zu unterbrechen.

Zurück im Hotel freute er sich auf die Dusche. Am nächsten Tag wollte er mit der Suche beginnen, mit Hilfe des Internets und seines Reiseführers musste er an diesem Abend die Entscheidung treffen, mit welchem Viertel er anfangen würde. Er tendierte zunächst zu New Bell. Wo Eto'o groß geworden war, wollte auch er seinen Wunschspieler finden. Doch dann entschied er, seine Suche breiter anzulegen und mit Bonabéri, einem Industrievorort von Douala, zu beginnen.

Dieses Gebiet war im Umbruch. Viele Straßen waren noch ungeteert, und es gab nur wenige Ampeln. Die Verkehrswege wiesen riesige Schlaglöcher auf, die sich in der Regenzeit mit Schlammpfützen füllten. Seit Kurzem reparierten chinesische Firmen den Straßenbelag oder bauten sogar neue Straßen. Sie brachten eigene Arbeitskräfte mit, die in mehreren Schichten rund um die Uhr arbeiteten. Einheimischen Firmen hatte die Regierung die Arbeiten nicht anvertraut, da sie befürchtete, das Geld würde in korrupten Kanälen verschwinden.

Auch in Kamerun ist die gelbe Gefahr schon angekommen, dachte Richie betroffen. War Afrika doch ein verlorener Kontinent?

Der Bericht hatte ihn so sehr gefesselt, dass er weiterlas: Die Regierung hatte auch damit begonnen, den maroden Wohnraum zu sanieren. In den Elendsvierteln fielen barackenähnliche Bauten der Planierraupe zum Opfer. Im Anschluss daran wurden sie mit Benzin übergossen und abgefackelt. Die zerstörten Hütten gehörten armen Familien. Die rabiate Stadtsanierung mit dem Bulldozer ließ die Kluft zwischen Armen und Reichen noch weiterwachsen. Eine makabre Art, den Unterhalt zu bestreiten, entstand: Die Obdachlosen setzten sich an die Straße und verkauften Gegenstände wie Eisenbauteile, die sie aus den Ruinen gerettet hatten. Bücher, Geschirr, Möbel, Hausrat, alles wurde angeboten. Die Ruinen wurden natürlich auch von Kriminellen gefilzt. Es war, als würde Gott darüber weinen. Oft mehrere Stunden am Tag schüttete es ausgiebig wie aus Kübeln vom Himmel. An diesem bestraften Ort vermutete Richie auch Straßenkinder.

Am nächsten Morgen schaute er im Frühstücksraum aus dem Fenster. Der Himmel hatte eine giftig bleierne Farbe. Die Wolken waren voll Regen. Ich werde mein Regencape mitnehmen, nahm er sich vor.

Im Getümmel der Straße sah er sich um. Ein wenig Vertrauen erweckendes Motorradtaxi fuhr auf ihn zu. Er winkte es zu sich heran. Mit diesem Fahrzeug hatte er die beste Chance, schnell durch die verstopften Straßen zu kommen. Der Fahrer grinste ihn frech an, als er neben ihm stoppte.

Sie fuhren über die N3 stadtauswärts. Das Motorrad röhrte laut und hatte ab und zu Fehlzündungen. Die Sitzbank war völlig ausgeleiert. Trotz des Straßenlärms glaubte Richie sie quietschen zu hören. Er verspürte die Federn an seinem Hintern und verlagerte sein Gewicht von einer Arschbacke auf die andere.

»Fahr nicht so schnell! Du fährst gleich deinem Vordermann hinten rein!«, schrie er nach vorn.

»Ich bin doch nicht schwul, aber der ist eine lahme Ente«, kam es frech zurück.

Bald querten sie den Wouri-Fluss. Die ersten Schilder von Bonabéri erschienen am Straßenrand. Richie war froh, dass die Fahrt bald ein Ende nehmen würde.

Als Nächstes sah er frisch verkohlte Trümmer von niedergebrannten Hütten. Es begann heftig zu regnen, und es bewährte sich, dass er seinen Regenumhang übergezogen hatte. Der Regen hämmerte auf die Wellblechdächer. Richie sah, wie die Bewohner löchrige Lehmwände mit Lumpen zustopften, um das Wasser draußen zu halten. Auch diese Hütten waren Abbruchkandidaten.

Mit dem Regen waren Ratten aus ihren Löchern gekommen, um nicht abzusaufen. Er sah einige von ihnen im Müll Nahrung suchen und darum miteinander kämpfen.

Auch Hühner und Ziegen fraßen den Müll. Das alles war abstoßend, aber gehörte zu Afrika.

Richie stieg ab und zahlte. Ab jetzt musste er zu Fuß weitergehen. Er schlug sich in einen schlammigen Seitenweg. Hinter einer offenen Tür saß eine Familie am Boden und aß Maisbrei. Eine ältere Frau führte Regie. Sie sah seinen mitleidigen Blick, den sie sofort verstand, und erklärte: »An guten Tagen gibt es Reis.«

Richie nahm den Gesprächsfaden auf und fragte: »Gibt es hier irgendwo einen Fußballplatz?«

Die Alte lachte guttural auf und antwortete: »Immer geradeaus, man kann unsern Platz so nennen. Für die Jungen ist er gut genug.«

Richie hob dankend die Hand und ging weiter, immer um die tiefen Pfützen herum. Bald sah er den Platz. Er war leer. Wer dort spielen wollte, würde bis zu den Knöcheln im Matsch versinken. Es gab nur ein rostiges Tor, das hatte kein Netz. Von einer nahe gelegenen Müllkippe waberte, trotz der Feuchtigkeit, beißender Gestank herüber. Was sollte er tun? Das Licht einer kleinen Bar und der andauernde Regen nahmen ihm die Entscheidung ab, auch wenn es ihm schwerfiel, sich vorzustellen, dort etwas zu verzehren.

Er trat in die Hütte und wählte einen Tisch, von dem er den Platz im Auge behalten konnte. Der Raum lag im Halbdunkel, und durch die Decke tropfte es. Ein Tisch in der Ecke war von drei Schwarzen belegt. Er sah den Glanz ihrer Augen, sie schauten zu ihm herüber. In diesem Loch war bestimmt noch nie ein Weißer gewesen. Eine schlampige Frau schlurfte an seinen Tisch und fragte, was sie ihm bringen solle.

»Gibt es etwas zu essen?«, fragte er zurück.

»Heute haben wir Ndole, bitteres Gemüse, so ähnlich wie Spinat, und geräucherten Fisch.«

Richie befand, dass man mit diesen Zutaten nichts verkehrt machen konnte, und bestellte eine Portion. Wieder nahm er ein kaltes Bier dazu. Das brachte ihm die Frau in einer Dose ohne Glas.

»Wird auf dem Platz wirklich gespielt?«, wollte er wissen, als sie noch neben seinem Tisch stand.

»Ja, die Jungen lassen keinen Tag aus. Sie kennen kein schlechtes Wetter. Aber sie kommen erst später.«

Sie lachte und fügte hinzu: »Sie wollen doch wie Drogba sein, wie Messi oder Ibrahimovic. Dabei haben sie nicht einmal Fußballschuhe, dafür haben ihre Familien kein Geld. Trotzdem träumen sie davon, es eines Tages zu schaffen, große Spieler zu werden.«

Richie fühlte, dass er am richtigen Ort angekommen war. Und dann nahm alles optimal seinen Lauf: Als er mit dem Essen aufhörte, endete der Regenguss, und die Kinder kamen aus den Hütten. Zuerst hörte er das Kreischen junger Knabenstimmen. Dann wieselte eine Vielzahl nackter Beine und Füße über den Lehmweg Richtung Fußballfeld. Richie sah 7 Jungen im Alter von 13 bis 15 Jahren. Auf seinem Stuhl in der Bar saß er wie auf der VIP-Tribüne. Er bestellte sich noch ein Bier, denn er wollte den Jungen von hier aus zusehen.

Die kleinen Fußballer hatten sogar einen Lederball. Die Bedingungen für das Spiel waren allerdings irregulär. Wasserlachen standen auf der Fläche, und der Boden war rutschig. Das tat der Spielfreude jedoch keinen Abbruch. Die Jungen zeigten bei diesen schlechten Bedingungen eine bemerkenswerte Ballbehandlung. Seine Aufmerksamkeit fiel auf einen mittelgroßen Spieler. Er schätzte ihn auf 13 bis 14 Jahre. Der Kleine war eindeutig der Chef im Ring. Er verteilte die Bälle, gab Kommandos, und selbst die Größeren hörten auf ihn. Richie betrachtete ihn genauer. Auf seinem rechten Oberschenkel entdeckte er eine lange Narbe, die fast bis zur Kniekehle ging. Sie konnte von einem Messerkampf sein. Diese Entdeckung ließ sein Interesse merklich abflauen. Die Perle, die er suchte, musste ohne Makel sein. Solche Art Vorschäden kamen nicht infrage.

Plötzlich beendete irgendetwas ihr Spiel. Sie standen zusammen und tuschelten. Dann kamen sie langsam und vorsichtig auf die Bar zu. Die Buschtrommel hatte ihnen mitgeteilt, dass dort ein Weißer sitze und an ihrer Spielweise Interesse finde. 14 große dunkle Augen guckten ihn neugierig an.

Der Anführer wagte sich wieder vor und fragte keck: »Hallo Monsieur, sind Sie ein Fußballspezialist? Wollen Sie uns kaufen?«

Richie konnte sich ein Lächeln nicht verkneifen. »Ihr spielt gut, auch wenn der Platz nicht in gutem Zustand ist. Mein Kompliment«, antwortete er freundlich, blieb aber die erwartete Antwort schuldig.

Die kleinen Spieler fühlten sich geschmeichelt, aber selbst ihr Wortführer wagte sich nicht, nochmals zu fragen. Sie sahen den Fremden noch eine Weile an, dann trollten sie sich enttäuscht. Der geschundene Platz war wieder verwaist. Richie hatte genug gesehen. Keiner der Knaben war eine Offenbarung gewesen, da war er sich sicher.

Bevor er ging, fragte er die Alte: »Sind das alle Jungen, die hier spielen, oder gibt es noch andere und bessere?«

»Hier wimmelt es nur so von Bälgern«, bekam er zu hören. »Ob sie besser sind, kann ich nicht sagen. Wenn man ihnen glauben kann, spielen die Besten immer zuerst. Nur bei Regen ändert sich die Reihenfolge, die Besten warten, dass der Regen endet. Aber letztlich fühlen sich alle wie richtige Stars. Sie können ja noch mal bei besserem Wetter vorbeischauen. Wir haben alle Tage offen.«

Richie bedankte sich, bezahlte und ging. Die Option, noch mal vorbeizukommen, schob er in seinen Hinterkopf.

Sein abendliches Joggen brachte ihn zur Kathedrale hin und zurück. Sie stand auf freiem Platz, und ihre zwei Haupttürme vor dem langen Mittelschiff grüßten ihn schon von Weitem.

Das Wetter war so schlecht, dass er den Abend in seinem Hotelzimmer vor dem Fernsehapparat verbrachte. Gedanken beschäftigten ihn, bis er einschlief: Wie viel anders war es hier als in Katar! Was mussten die Schwarzen darum kämpfen, wenn sie nur annähernd etwas Wohlstand erreichen wollten! Ein Satz von Eto'o kam ihm in den Sinn: *Ich muss rennen wie ein Schwarzer, um wie ein Weißer leben zu können!*

Für den nächsten Tag hatte Richie vor, das Hafengebiet aufzusuchen. Doch dann kam ihm der Wunsch von Frank in Erinnerung, möglichst noch vor Weihnachten eine Erfolgsmeldung zu erhalten, ein Weihnachtsgeschenk eben. Er beschloss also, stattdessen nach New Bell zu fahren, die Wiege von Eto'o schien ihm nach wie vor der beste Ort für eine Suche zu sein.

Als er vor die Tür trat, kamen ihm Bedenken. Die schwarze Wolkendecke war so niedrig, als wollte sie auf die Straße fallen. Sie war gefährlich prall vor Nässe. Er befürchtete, auf gleich irreguläre Verhältnisse zu stoßen wie in Bonabéri. Und richtig, als er in New Bell ankam, goss es in Strömen. Er wollte die Inspektion schon abbrechen, als ihm vor dem berüchtigten Zentralgefängnis New Bells eine größere Menschengruppe auffiel. Es war eine Besuchergruppe der Presbyterian Church, wie er schnell in Erfahrung brachte.

Er begab sich in deren Nähe und verfolgte mit Interesse den Vortrag eines Redners, der unbeeindruckt von dem Regen zu der Gruppe sprach: »Wenn wir gleich in die Anlage gehen, begeben wir uns in eine andere, schlimme Welt. Das Gefängnis wurde in der Kolonialzeit gebaut und war auf 800 Insassen ausgerichtet. Heute leben in den gleichen Gebäuden, die allerdings zwischenzeitlich verrottet sind, mehr als 3000 Menschen, überwiegend Männer. Sie leben in unmenschlichen Bedingungen und warten fast alle auf ihren Prozess. Für sie gilt also eigentlich noch die Unschuldsvermutung. Das Budget für einen Gefangenen liegt am Tag weit unter 50 Cent. Viele Insassen sterben vor Prozessbeginn wegen unzureichender medizinischer Versorgung oder fehlender Hygiene. Ich darf heute als Pastor zu diesen armen Kerlen sprechen und möchte ihnen versichern, dass sie immer noch Teil der menschlichen Gesellschaft sind, obwohl ich mir über den Druck, die Hoffnungslosigkeit in dieser Hölle im Klaren bin, genauso wie über die Unmöglichkeit, mit meinen Worten wirklich helfen zu können. Sie als Besucher werden einen bleibenden Eindruck gewinnen, auch wenn die geschlossenen Bereiche für Sie nicht zugänglich sein werden. Tun Sie später alles, was in Ihrer Macht steht, um diese unmenschlichen Verhältnisse zu ändern.«

Richies Interesse war geweckt. Solche Schicksale berührten sein soziales Empfinden. Er nahm kurzerhand Kontakt zu dem Pastor auf und erreichte dessen Zustimmung, mit der Gruppe die Haftanstalt zu besuchen.

Als sie den Innenhof betraten, wurden sie sofort von jungen Männern umlagert.

»Halten Sie sich vorsichtig zurück«, warnte der Pfarrer. »Innerhalb der Mauern gilt das Gesetz des Stärkeren. Da mischen sich selbst die Aufseher nicht ein. Viele Häftlinge schlafen auf hartem Betonboden ohne Dach über dem Kopf. Wenn sie Glück haben, werden sie von Verwandten von draußen versorgt. Die schlimmen Lebensverhältnisse machen sie aggressiv und unberechenbar.«

In der Luft lag der Gestank von Schweiß, Fäkalien und Unrat. Richie sprach einen Mann, der neben ihm stand, darauf an. Dessen Antwort war wenig christlich und wühlte ihn noch mehr auf: »*Auch im schönsten Rosengarten stinkt ein Komposthaufen. Ich habe schon Schlimmeres gesehen.*«

Richie fand keine Worte der Erwiderung. Die Einstellung seines Gesprächspartners widerte ihn an. Er wollte nur noch weg. Grußlos verließ er die Gruppe und eilte dem Ausgang entgegen. Er registrierte nicht einmal den überraschten Blick des Pastors, der ihm dabei folgte.

Er irrte schon einige Zeit verstört durch die Straßen, bevor er merkte, dass es aufgehört hatte zu regnen. Die Wassermassen hatten allerdings ihre Spuren hinterlassen. Auf den unbefestigten Gassen wuchs eine glitschige Matschschicht immer mehr an. In den seitlichen Abwasserrinnen suchten Wasserfluten ihren Weg und sprangen dabei über die Ränder. Der feste Belag der Straßen war spiegelglatt, und in den Ritzen und Löchern der Straßenschäden sammelte sich das Wasser und wurde zur Gefahr für die vielen Moped- und Motorradfahrer. Viele Bewohner der einfachen Hütten hatten begonnen, die eingedrungene Nässe wieder nach draußen zu schaffen. Niemand schaute dabei sehr fröhlich aus.

Richie war sich im Klaren, dass er gar nicht nach einem Bolzplatz suchen musste. Er würde keinen bespielbaren Sandplatz vorfinden, sondern eher einen flachen Tümpel. Es war das Beste, die Suche für heute abzubrechen.

Während dieses Gedankens fiel sein Augenmerk auf einen kleinen Jungen, er schätzte ihn auf 13 Jahre. Der Junge köpfte unentwegt einen alten Lederball gegen die Hauswand, manchmal defensiv, manchmal offensiv, aber in jedem Fall sehr konzentriert. Der Kleine stellte sich sehr geschickt an.

Das Unwetter entpuppt sich vielleicht doch noch als Glücksfall, dachte Richie. Er blieb stehen, um den Jungen länger zu beobachten, dann suchte er Kontakt zu ihm: »Ein Junge und ein Ball sind kein Fußballspiel. Hast du keine Freunde?«

Der Junge erklärt ihm, dass die anderen heute nicht spielen würden, weil ihr Platz voller Matsch sei. »Ich will aber üben, das bin ich meinem Vater schuldig. Er wollte, dass ich der Beste werde. Bei meiner Geburt hat er meine Nabelschnur genommen, sie am Mittelkreis unseres Platzes vergraben und dafür gebetet. Recht hat er gehabt. Es ist nichts »scheißer«, als Zweiter zu sein.«

Richie war von dem kleinen Kerl beeindruckt. »Dein Vater ist ein kluger Mann. Aber du redest von ihm in der Vergangenheit, was ist mit ihm?«

Der Junge schien das Gespräch mit dem weißen Mann zu mögen, er antwortete ohne Scheu: »Er ist auf der Route de deuil, der Straße der Trauer, bei einem Autounfall ums Leben gekommen.«

»Das tut mir leid, mein Junge. Aber was heißt Straße der Trauer?«

»Wir sind Bamileke«, antwortete der Knabe stolz. »Es gibt eine Nationalstraße, die von Douala bis in das Bamileke-Hochland führt. Dort halten wir große Todesfeste für unsere verstorbenen Verwandten ab. Mein Vater fuhr an einem Wochenende mit einem Kleinbus zu einer solchen Feier. Bei einem Zusammenstoß mit einem Lastwagen starb er. Aber er hat jetzt wenigstens in unserem Heimatdorf ein schönes Grab, fast so groß wie eine Kapelle. Er hatte auch eine schöne Beerdigung. *Wage zu sterben, um zu sehen, wie viele kommen, um dich zu beweinen*, sagt ein Sprichwort bei uns.«

»Das ist bestimmt für deine Mutter und dich tröstlich. Wie heißt du?«

»Das mit dem Trost stimmt für unsere ganze Familie. Meine Mutter hat sich allerdings für sein Totenfest verschuldet. Sie muss nun sehr hart arbeiten. Ohne die Hilfe meiner Großeltern würde sie mich und meine 4 Geschwister gar nicht durchbringen. Ich heiße Nelson Cherono. Und wer bist du, und was tust du hier?«

»Mein Name ist Richie Finz. Ich interessiere mich, wie ihr Fußball spielt.«

Die braunen runden Augen des kleinen Schwarzen wurden ganz groß. »Bist du etwa ein Spielerscout?«

»Ja, so könnte man das nennen«, antwortete Richie. »Wo spielt ihr denn, wenn das Wetter es zulässt?«

Der Kleine war sofort bereit, ihn zu dem Sandplatz zu führen, der allerdings völlig unter Wasser stand.

Richie sah sich alles genau an und dachte: Jungs, die auf Tore aus Mülltonnen kicken und aus den ärmsten Verhältnissen kommen, sind die, die ich suche!

»Kommst du wieder, wenn das Wetter besser ist?«, wollte Nelson wissen.

»Das werde ich tun«, versprach ihm Richie.

Der Abendhimmel leuchtete schon violett. Er wollte zurück ins Hotel und machte sich auf den Weg zur Hauptstraße. Nelson blieb an seiner Seite und sprang um ihn herum wie ein junger Hund. Der Lederball blieb dabei ständig in Bewegung. Erst als Richie ein Motorradtaxi gefunden hatte, blieb Nelson zurück.

»Aber du kommst wirklich, ja? Ich bin nämlich gut, auch im Spiel in der Mannschaft!«, schrie der Kleine hinter ihm her.

Richie drehte den Kopf zurück und rief laut: »Versprochen!«

Es sah ganz danach aus, als habe sich der Regen verausgabt. Ein warmer Wind tat das Seine dazu, der Boden trocknete zusehends ab. Wenn es über Nacht so bliebe, konnte er morgen einen zweiten Besuch in New Bell wagen. Er war voller Tatendrang. In seinem Zimmer fand er eine Möglichkeit, an dem Projekt dranzubleiben. Er stellte schematisch die Prüfungsaspekte zusammen, nach denen er die jungen Kicker bewerten wollte. Er schrieb sie auf einen Bewertungsbogen:

Torschuss
Kopfball defensiv
Kopfball offensiv
Flanken
Zweikampf defensiv
Zweikampf offensiv
Taktik
Technik
Psyche

Körperlichkeit
Kondition
Siegeswille
Jeden Jungen wollte er für jede Rubrik bewerten – mit einer Ziffer von
1 bis 6.
Er war mit seinem Schema zufrieden und zappte sich im Fernsehen zu
einem spannenden Krimi durch.

Nelson stand schon um 10 Uhr wieder an der Hausmauer und köpfte. Er
schaute sich dauernd um. Es war offensichtlich, dass er nach Richie Aus-
schau hielt. Er hatte noch am Abend zuvor die Neuigkeit in die Hütten
seiner Kameraden getragen. Sie würden heute alle kommen und brannten
darauf, dem weißen Spielerscout ihr Können zu zeigen.

Nelsons Mutter hatte sich noch in der Dunkelheit auf den Weg zum
Fischmarkt gemacht. Sie verkaufte dort Fisch. Die Arbeit war hart, aber
nur mit vielen Stunden täglich konnte sie ihre Familie durchbringen. Sie
hatte Nelson einige Arbeiten übertragen, und er hatte sie widerspruchslos
akzeptiert. Doch die mussten heute warten. Ein glanzvoller Auftritt vor
dem Scout war wichtiger, wichtiger für ihn und die ganze Familie. Auch
wenn seine Mutter das bestimmt anders sehen würde, wollte er dieses Mal
für seinen Ungehorsam mit einem Anschiss leben. Mehr würde kaum
passieren. Er war sonst ein gehorsamer Junge.

Nach und nach kamen seine Kameraden. Sie warteten, bis sie vollzählig
waren. Als alle beisammen waren, machten sie sich auf den Weg zum
Staubplatz. 2 von ihnen losten die Mitglieder ihrer Mannschaft aus. Nelson wusste, dass er das schlechtere Losglück gehabt hatte. Das machte
ihm aber keine Angst. Ich bin gut und wiege alle Nachteile auf, dachte
er selbstsicher.

Richie kam gegen 11 Uhr. Zufrieden sah er, dass der Platz gut bespiel-
bar war. Der Matsch war gleichmäßig abgetrocknet und hatte eine plane
Decke hinterlassen, auf der sich die kleinen Schwarzen schon tummelten.
Er war unbemerkt geblieben und hielt sich im Hintergrund. Er schaute
von dort zuerst nur konzentriert, dann immer gebannter zu. Schnell fiel

ihm die ungleiche Stärke der beiden Mannschaften auf. Die haben bestimmt gelost, sagte er sich. Doch Nelson machte eindeutig den Nachteil der schwächeren Mannschaft wett. Wenn er den Ball eroberte, konnten ihm die anderen Kinder ihn kaum wieder abnehmen. Der Kleine war schneller als sie, er schoss gleich stark mit beiden Füßen, seine perfekten Dribblings sicherten den Ball.

Der Junge ist eine richtige Granate, dachte Richie. Nelson war physisch nicht einmal der Stärkste, eher schmächtig. Er schoss zwei Tore, legte mehrere vor und avancierte zum prägenden Spieler auf dem Feld, auch wenn Richie zugeben musste, dass die anderen ebenfalls kämpften und nur den Sieg im Sinn hatten. Hier erlernen die Kinder noch Siegeswillen, dachte er. Sie lernen, jedes Spiel gewinnen zu wollen. Trotzdem hörte er bald auf, für die anderen Kinder Bewertungsziffern einzutragen. Sein Favorit stand fest. Es beunruhigte ihn nicht einmal, dass seine Festlegung so schnell zustande gekommen war. Er verließ sich auf seinen Instinkt und seine Erfahrung. Er würde diesen Jungen nach Katar bringen! Nelson war schneller als die anderen, er schoss gleich stark mit beiden Füßen, obwohl er Linksfüßler war. Bei seinen Dribblings konnte man am deutlichsten erkennen, was er mit dem Ball draufhatte. Seine Auffassungsgabe überzeugte Richie. Nelson war technisch sensationell und psychisch stark. Immer wieder ließ der kleine Rohdiamant ein Strategie-Gen aufblitzen. Richie war von ihm überzeugt.

Erst jetzt entdeckten ihn die Jungen. Nelson kam strahlend auf ihn zugerannt. Er genoss es, der Einzige zu sein, der ihn kannte.

»Toll, dass du endlich da bist, willst du uns jetzt prüfen?«

Richie klopfte ihm freundlich auf die Schulter und antwortete: »Ich habe schon gesehen, was ich wollte. Ihr seid wirklich gut. Dich schätze ich besonders.«

In Nelsons Gesicht kämpften Freude und Enttäuschung miteinander. Freude über das Lob und Enttäuschung darüber, dass sie Richie gar nicht bemerkt hatten.

»Du hättest uns doch sagen müssen, was du sehen willst. Dann wären wir bestimmt noch viel besser gewesen«, gab er seinen Gefühlen Ausdruck.

»Gerade das wollte ich vermeiden«, erklärte ihm Richie. »Ihr habt ganz natürlich gespielt, ohne jede Verstellung, so konnte ich eure Talente viel besser herauslesen.«

»Was willst du jetzt machen?«, fragte Nelson.

»Habt ihr Hunger?«, war Richies Gegenfrage.

»Immer«, kam ihm aus allen Mündern entgegen. Die Jungen hatten am Morgen vor Aufregung fast keinen Bissen hinuntergebracht.

»Wo wollen wir hingehen? Ich lade euch ein.«

In ihrem Viertel gab es nur die bescheidene Kochküche eines Libanesen. Nelson führte sie stolz dorthin. Die Tagesmahlzeit – extrem fettige Spaghetti mit einer undefinierbaren Fleischsauce – kostete 50 Cent pro Kopf. Richie spendierte jedem von ihnen noch eine Cola.

Die Jungen waren überglücklich und versteckten das auch nicht. Sie ließen es sich schmecken, machten einen Witz nach dem anderen und zappelten vor Freude auf ihren Sitzen.

Zwei ließen Teile ihres Essens stehen. Richie bemerkte dies mit Verwunderung und fragte nach, ob es ihnen nicht schmecke.

Nelson nahm ihnen die Antwort ab, er machte sich auch hier zum Anführer: »Emile und Achilles haben zurzeit arbeitslose Väter. Zuhause gibt es wenig zu essen. Sie wollen einen Teil ihrer Mahlzeit für die Familie mitnehmen.« Die beiden Jungen nickten verlegen. Richie war von so viel Familiensinn berührt. Auch das war Afrika!

»Nimmst du mich nun mit nach Europa?«, kam Nelson auf seinen Traum zu sprechen.

»So etwas Ähnliches habe ich mit dir vor«, antwortete ihm Richie. »Aber ich muss zunächst mit deiner Mutter sprechen, hoffentlich sieht sie deinen weiteren Lebensweg so, wie dein toter Vater ihn sich vorgestellt hatte.«

»Das tut sie bestimmt. Du kannst heute Abend zu uns kommen und mit ihr sprechen, wenn sie von der Arbeit zurück ist.«

»Immer langsam, mein kleiner Freund! Lass mir einen Tag Zeit. Ich möchte alles überdenken. Du kannst sie vorbereiten, ich werde morgen Abend zu euch kommen. Für heute machen wir Schluss, du solltest mir nur noch euer Haus zeigen.«

»Aber du kommst auch wirklich?«, fragte Nelson mit ängstlicher Stimme.

»Du weißt doch, ich halte Wort.«

Als er die Hütte von Nelsons Familie gesehen hatte, verabschiedete er sich.

Im Hotel setzte er einen optimistischen Zwischenbericht an Frank ab:

Es sieht ganz danach aus, als habe ich den richtigen Jungen gefunden. Meine Bewertungsmatrix sieht wie folgt aus:

Torschuss, Kopfball defensiv, Kopfball offensiv, Flanken, Zweikampf defensiv, Zweikampf offensiv, Siegeswille, Psyche, Physis und Taktikverständnis, alles für sein Alter überragend.

Er ist sehr schnell, hat gute Auffassungsgabe und ist ein Linksfüßler, davon gibt es nicht so viele. Du wirst staunen.

Du kannst dir schon einmal überlegen, wie wir das mit dem Visum für den Kleinen regeln. Bitte melde dich.

Gruß, Richie

Nelson war in Eile. Er wollte die ihm übertragenen Arbeiten erledigt haben, bevor seine Mutter nachhause kam. Er musste mit ihr über Richie sprechen, und da durfte kein Ärger in der Luft liegen. Er sputete sich und schaffte sein Pensum. Er war sogar etwas zu früh fertig und wartete nun ruhelos in der Hütte auf das Erscheinen seiner Mutter. Er legte sich zurecht, wie er das Gespräch angehen wolle. Er verwarf seine Pläne mehrmals und versuchte vorwegzunehmen, was seine Mutter gegen seinen großen Wunsch anführen könnte. Dann hörte er vor der Tür Geräusche. Sie ging auf und Ajara Cherono trat ein.

Sie sah müde aus. Ihre Augen waren auf ihn gerichtet. Ihr Gesicht mit der Aknehaut, der platten fleischigen Nase und den herabhängenden Mundwinkeln wirkte freudlos.

Nelson beschloss, ihr eine Erholungspause zu gönnen, bevor er berichtete. Das fiel ihm sehr schwer.

Mit eintöniger Stimme fragte sie ab, was sie ihm aufgetragen hatte. Er war froh, dass er noch alles geschafft hatte, und sagte ihr das. Ihre Stimmung verbesserte sich etwas. Sie ließ sich auf einen Hocker fallen und fragte: »Was gibt es sonst noch?«

Nun konnte er die Neuigkeit nicht mehr hinter dem Berg halten. Alles sprudelte aus ihm heraus. Seine Augen leuchteten vor Aufregung, während er sprach.

Die Mutter folgte seinen Worten und blieb stumm. Damit hatte sie nicht gerechnet. Ihre neongelben Gummilatschen bewegte sie unruhig an den Füßen. Eine davon flappte ohne Unterlass gegen ihre Fußsohle. Es war ein eintöniges Geräusch, zeigte Nelson aber den Grad ihrer Erregung. Er hatte schon das meiste berichtet, so schwieg er nun und wartete auf ihre Antwort.

»Er will mich mit nach Europa nehmen«, waren seine letzten Worte gewesen, und daran knüpfte Ajara an: »Bleib auf dem Teppich, mein Junge. Du weißt, dass hier schon andere Jungen mit ähnlichen Angeboten gelockt wurden. Die kamen von Betrügern. Die wollten nur Geld, und dann passierte nichts.«

»Nein, Mama, Richie ist ein guter Mann. Er hat nicht von Geld gesprochen. Er hat uns sogar alle zum Essen eingeladen. Hör ihn dir an. Du weißt, es war Vaters größter Wunsch, dass ich Fußballer werde.«

Sein letztes Argument stach, aber seine Mutter gab noch nicht nach: »Meine beste Freundin Auriol Bika hat es hart getroffen, das weißt du. Ein Spielervermittler bot sich für ihren Sohn Joseph an. Er verlangte Geld für seine Arbeit. Auriol glaubte seinen Versprechungen und hat sich bei der Dorfgemeinschaft verschuldet. Als die Vermittlung ihres Jungen keinen Erfolg hatte und das Geld weg war, brachte sie sich vor Scham um. Willst du, dass deine Mutter auch so endet? Bleib hier, hier bist du in Sicherheit, und hier brauche ich dich. Die Großeltern sind bald zu alt, um mir zu helfen.«

In Nelsons Augen sammelten sich Tränen, dann antwortete er mit Trotz in der Stimme: »Das wird dir mit mir nicht passieren. Ich bin viel besser als Joseph. Hör dir den Mann wenigstens an. Er kommt uns morgen Abend besuchen. Du wirst sehen, er ist ein guter Mann. Wenn er mich mitnimmt, kann ich viel Geld verdienen. Dann brauchst du nicht mehr zu arbeiten. Meine Geschwister können in die Schule gehen. Ihr habt immer genug zu essen und gute Kleidung. So wollte es Vater. Ich könnte endlich stolz sein, Mutter.«

»Nun, wenn du ihn eingeladen hast, dann muss ich ihn anhören«, erwiderte sie brummig.

Nelson war nicht wohl in seiner Haut, aber er hatte wenigstens einen Etappensieg errungen. Nun hing alles von Richies Überzeugungskraft ab. Aber er wollte auch noch etwas fürs Gelingen tun. Er ging in die hintere Ecke der Hütte. Da stand auf einem kleinen rohgezimmerten Schränkchen eine bunte Statue der Mutter Maria. Nelson schlug ein Kreuz und küsste ehrfurchtsvoll seine Fingerspitzen, dann begann er zu beten. »Lass morgen bitte alles gut werden«, wiederholte er flehentlich stumm mehrere Male seine große Bitte. Seine Mutter sah es aus dem Augenwinkel, und ihr Herz wurde weich.

Am nächsten Morgen fand Richie eine Mail von Frank vor:

Lieber Richie,

dein Bericht liest sich gut. Da wird es ja wirklich etwas mit dem Weihnachtsgeschenk! Ich bin gespannt wie ein Flitzebogen. Kannst du mir ein Video von dem Kleinen schicken? Wenn es so weit ist und du ein Visum für Nelson benötigst, werden wir es an die französische Botschaft in Douala senden. Es wird dir keine Schwierigkeiten bereiten, es dort zusammen mit Nelson abzuholen. Ich freue mich, bald von dir zu hören.

Beste Grüße, Frank

Richie war erleichtert, dass alles so einfach ablaufen konnte. Aber der Bitte um ein Video erteilte er eine Abfuhr:

Lieber Frank,

ich mache in solchen Fällen niemals Videos. Es ist möglich, ein Video so zu schneiden, dass ein Vollamateur wie ein Weltklassespieler wirkt. Jegli-

chen falschen Eindruck möchte ich aber vermeiden. Du musst dir Nelson persönlich ansehen. Vertrau mir. Ich werde mich sofort bei dir melden, wenn es Neuigkeiten gibt.

Beste Grüße, Richie

Den Tag verbummelte Richie. Je näher der Abend kam, umso unruhiger wurde er. Er musste Nelsons Mutter heute überzeugen. Ihm war die Idee gekommen, sein Mobiltelefon mitzunehmen. Bestimmt waren die Fotos von Katar geeignet, Eindruck zu machen. So bekamen die Bilder doch noch einen Sinn.

Als er vor die Tür trat, regnete es wieder heftig. Hoffentlich ist das kein böses Omen, dachte er. Aber es war wichtiger, dass der gestrige Tag trocken geblieben war.

Er hatte noch genügend Zeit und entschloss sich, ein Taxi zu nehmen, damit er nicht durchnässt zu seinem Besuchstermin kam. Er nahm dafür in Kauf, wieder im Stau zu stehen.

Dieses Mal ging die Fahrt aber recht zügig vonstatten. Er war sogar zu früh in New Bell. Er öffnete seinen Schirm und ging gemächlich die Hauptstraße entlang, vorbei an unzähligen Marktständen, umschwärmt von ebenso unzähligen Motorrädern und Mopeds. An einem Stand sah er gefälschte Fußballtrikots für billiges Geld. Er erwog ein Messi-Trikot für Nelson zu kaufen. Doch dann sah er davon ab. Er wollte vor der Mutter seriös und sachlich auftreten und nicht den Eindruck erwecken, er wolle Nelson mit Kleinkram kaufen.

Da der Regen nicht nachließ, ging er Richtung Hütte, auch wenn er riskierte, zu früh hinzukommen.

Richie hatte Glück. Ajara Cherono war schon von der Arbeit zurück. Als Nelson ihm die Tür öffnete, saß sie massig wie ein Buddha auf ihrem Hocker und starrte ihm grimmig entgegen. Er begrüßte sie respektvoll und stellte sich vor.

»Nelson hat mir schon von Ihnen erzählt. Er ist Feuer und Flamme und träumt davon, mit Ihnen mitzugehen. Ich hingegen bin skeptisch. Eines soll Ihnen von Anfang an klar sein: Ich habe kein Geld, um Sie zu bezahlen.«

Es beeindruckte Richie, dass die Frau sofort auf den Punkt kam, und er war bemüht, ihre Vorurteile zu entkräften: »Ich bin ein lizenzierter Spielerscout, Madame. Ich unterliege einem Ehrenkodex. Ich möchte Nelson als Fußballer fördern, dafür brauche ich kein Geld von Ihnen. Nelson scheint ein Ausnahmetalent zu sein.«

Über das Gesicht von Ajara huschte ein kurzes Lächeln. Seine Worte schmeichelten ihr. »Sie wollen also wenigstens kein Geld von mir, und von Fußball haben Sie ebenfalls Ahnung. Der kleine Teufel hat mir schon viel Ärger in der Nachbarschaft gemacht. Mit seinem harten Schuss und seiner Treffsicherheit hat er viele Autospiegel abgeschossen. Sie nennen ihn hier den kleinen Django.«

Richie lächelte zurück und erwiderte: »Was Sie gerade aufgezählt haben, sind nicht die einzigen Talente, die ich an Nelson entdeckt habe, aber sie gehören dazu. Bei mir wird er andere Möglichkeiten haben, sie auszuleben und zu verbessern.«

»Was haben Sie genau mit ihm vor?«, wollte Ajara wissen.

Richie berichtete langsam und genau von seinen Plänen und von Katar.

»Gehört Katar zu Europa?«, fragte Ajara. »Ich habe noch nie davon gehört.«

»Nein, es gehört zu Asien. Aber dort wird es Nelson noch viel besser haben. Es ist ein Land der unbegrenzten Möglichkeiten, gerade im Fußball. Schauen Sie diese Bilder an, die werden Sie überzeugen.« Er zeigte sie auf seinem Mobiltelefon und wies besonders auf die Sporteinrichtungen hin, in denen Nelson trainieren würde.

Der schaute den beiden Erwachsenen über die Schulter. Immer wieder stieß er erstaunte Laute aus.

Richie merkte aber auch, dass die Fotos auf die Mutter großen Eindruck machten.

»Das ist ein Wunderland«, sagte sie. »Was müssen wir dafür tun, dass Nelson da wirklich hinkommt?«

»Das macht keine großen Schwierigkeiten. Sie müssen mir vertrauen und mir die Verantwortung für Nelson schriftlich übertragen. Ich werde dafür ein Papier aufsetzen. Wir gehen damit in die Botschaft von Frankreich und Sie unterschreiben es. Das Papier ist dann wie ein Ausweis. Ich kann Nelson mitnehmen und ausbilden lassen. Alles andere regle ich. Sie haben keine Arbeit damit. Ich verspreche es, Nelson bekommt eine große Chance, viel Geld zu verdienen und dir das Leben zu erleichtern. Eine solche Chance wird wenigen Jungen geboten.«

Ajara Cherono verfiel in ein längeres Schweigen. Sie bedachte gründlich, was sie gehört und gesehen hatte. Als einfache Frau suchte sie Sicherheit in dem, was ihr lieb und teuer war: »Schwören Sie mir bei der Mutter Maria, dass es Nelson bei Ihnen gut haben wird und Sie sich immer um ihn kümmern werden.«

»Oh, Sie sind wie ich christlich, das verbindet uns.«

»Natürlich, unsere ganze Familie ist christlich.«

Richie hatte das schon vermutet. Er hatte gelesen, dass muslimische Familien meist viel mehr Angehörige hatten. Bei denen lebten bis zu dreißig Personen auf kleinster Fläche. Ein Hausherr hatte meist auch mehrere Frauen. Nun entdeckte er auch noch die Marienstatue im hinteren Teil des Raumes. Er erinnerte sich an Franks Worte, dass die Konfession eines Spielers in Katar keine Rolle spiele.

Der Mutter antwortete er laut und deutlich: »Ich schwöre bei unserer heiligen Mutter, Nelson wird es gut bei mir haben.«

Nun konnte Nelson nicht mehr stillhalten. »Mama, jetzt ist doch alles gut. Jetzt kannst du mir die Erlaubnis geben!«, warf er mit vor Aufregung schriller Stimme ein.

Seine Mutter zauderte nicht länger. Sie hielt Richie ihre Rechte hin und sagte: »Ich vertraue Ihnen.«

Mit diesen kargen Worten war der Pakt besiegelt. Sie lud den weißen Mann zum Abendessen ein.

Es gab gegrillten Fisch vom Markt. Die Familienmitglieder, die sich bis dahin im Verborgenen gehalten hatten, stießen hinzu. Es wurde gegessen, und viele Fragen stürmten noch auf Richie ein. Er beantwortete sie alle. Als er die Hütte verließ, war er von der Familie akzeptiert und erleichtert.

Es war ein gutes Omen, dass es aufgehört hatte zu regnen.

Die nächsten Tage waren mit Dingen ausgefüllt, die Richie gar nicht so lagen. Er musste die Papierform für Nelsons Ausreise in Ordnung bringen. Er tat das zusammen mit Ajara Cherono. Sie suchte die erforderlichen Dokumente heraus. Er benötigte die amtlichen Nachweise von Nelsons vollem Namen, des Geburtsdatums und Geburtsorts. Nelson war 13 Jahre alt, Richies Einschätzung war richtig gewesen.

Als alles vorlag, schickte Richie Frank die Daten für den Visumantrag. Danach machte er sich schon einmal schlau, wie sie von Duala per Flugzeug nach Doha kommen konnten. Frank war ihm dabei mit seinen Leuten behilflich. Ein Flug mit Ethiopian Airlines und Zwischenstopp in Addis Abeba erwies sich als besonders günstig. Die Reisezeit würde knapp 11 Stunden betragen.

Nach 6 Tagen erhielt er von Frank die Nachricht, das Visum sei in 2 Tagen in der französischen Botschaft von Douala. Man würde Richie über das Eintreffen per Mail benachrichtigen. Frank empfahl ihm, die Unterzeichnung der Vormundschaftsurkunde mit Ajara Cherono ebenfalls in der Botschaft vorzunehmen. Dort sollte er das Schriftstück beglaubigen lassen. Frank versprach, den Beamten darauf vorzubereiten.

Richie war äußerst bemüht, das Vertrauen von Ajara aufrechtzuerhalten. Er hielt sie über die Entwicklungen ständig auf dem Laufenden.

Ajara stöhnte, als es hieß, sie müsse mit in die Botschaft. Das würde ihr einen schmerzhaften Verdienstausfall bescheren.

Richie beruhigte sie: »Ich werde Ihnen den Ausfall doppelt ersetzen.«

»Siehst du, Mama, ich habe dir doch gesagt, Richie ist ein guter Mann!«, rief Nelson dazwischen.

Seine Mutter brummte etwas vor sich hin. Man konnte es als Zustimmung deuten.

Die Tage des Abschieds kamen näher. Damit wuchsen bei Ajara die Ängste. Eines Morgens sagte sie: »Ich habe geträumt, du fliegst davon wie ein Vogel und kommst nie mehr zurück.«

Plötzlich war der Raum von beängstigendem Schweigen erfüllt. Nelson kamen die Tränen. Dann stammelte er: »Vater und ich haben zu Maria gebetet, außerdem bin ich ein guter Fußballer. Das sagt auch Richie. Ich werde unserer Familie Glück bringen.«

Nun kamen auch Ajara die Tränen. Sie drückte ihren Sohn an ihren üppigen Busen und sagte leise: »Lass es gut sein, Junge. Wir geben uns in Gottes Hand.«

»Ja, Mama«, antwortete Nelson erleichtert. »Unser Pfarrer hat mir zum Abschied einen Psalm gesagt: *Ich erzähle Dir meine Wege und Du erhörst mich.* Gott wird meine Bitten erhören!«

Sie beschlossen, dass Nelson die letzte Nacht vor dem Abflug schon bei Richie im Hotel schlafen solle. Ajara wollte nicht mit zum Flughafen kommen.

Die letzten Abschiedsworte fielen unter Tränen in der Hütte: »Sei mutig, verlier nicht deinen Stolz und deine Würde. Trage das Amulett der Maria zu deinem Schutz.«

Ajara legte ihm die Kette um den Hals, die sie von ihrer Mutter bekommen hatte. Dann drückte sie den Sohn ein letztes Mal. Die ganze Familie stand stumm im Kreis. Einer nach dem anderen drückte Nelson zum Abschied.

Als Nelson am nächsten Tag den Flughafen betrat, kam er aus dem Staunen nicht mehr heraus.

Nicht allzu viel von der Wunderreise blieb ihm in Erinnerung. Später musste er von dem Flug nur noch, dass die Flugbegleiterin wunderschön gewesen war und herrlich gerochen hatte. Er hatte große Angst gehabt, dass der riesige Eisenvogel wirklich in der Luft blieb. Das Essen und die Getränke hatten köstlich geschmeckt.

Nelsons Einzug in Doha

Bei der Landung in Doha war Richie erschöpfter als sein kleiner Mitreisender. Nelson hatte, wenn immer möglich, gut gegessen und getrunken und ansonsten selig geschlafen. Das konnten nur Kinder.

Richie hatte viel gegrübelt, bis er bei ganz profanen Fragen angelangt war: Wer würde heute das Empfangskomitee stellen? Würde Frank seine laut verkündete Neugierde unter Beweis stellen und die kleine schwarze Perle schon am Flughafen in Augenschein nehmen?

Den Jungen quälten solche Fragen nicht. Die Pracht, die ihn plötzlich umgab, machte ihn sprachlos. Er wusste nicht, wo er zuerst hinschauen sollte. Er fühlte sich ganz klein.

Richie konnte sich in den Jungen gut hineinversetzen. Er erinnerte sich genau, wie beeindruckt er beim ersten Besuch in Katar gewesen war, und das trotz seiner viel größeren Erfahrung. Der gelbe Riesenteddybär kam ihm in den Sinn. Den wollte er Nelson auf jeden Fall zeigen.

Der Junge staunte das Riesentier an. Für ihn war es in seiner Mächtigkeit wie ein Gott. Dann zeigte Nelson seine ganze Kindlichkeit: »Sind die hier so groß, dass sie mit dem Bären spielen können?«

Richie schmunzelte und suchte nach einer Antwort, die dem Jungen eine Erklärung war, ohne dass er sich für seine Frage schämen musste.

»Nein, die sind genauso groß wie wir. Aber sie wollen zeigen, dass sie Großes bauen können«, erklärte er schließlich.

Nelson nickte. Richie hatte die richtigen Worte gefunden.

Sie mussten noch an den großen Leinwänden stehen bleiben, und der Kleine beguckte sie und die Luxuslimousinen.

Als sie zum Ausgang kamen, wartete nicht Frank, sondern Jean Luc auf sie, Franks rechte Hand. Er kam einer Frage von Richie zuvor: »Herzlich willkommen in Doha. Ihr müsst mit mir vorliebnehmen, Frank sitzt noch in einer Verhandlung und wird bis heute Nacht hoffentlich noch eine große internationale Veranstaltung für uns an Land ziehen.«

»*Dienst ist Dienst, und Schnaps ist Schnaps*«, erwiderte Richie trocken.

»Dann hat er morgen eben zwei Gründe, sich zu freuen.«

Nelson konnte das Wortgeplänkel nicht verstehen. Er begriff die Bedeutung nicht.

Draußen dunkelte es schon, und die Gebäude leuchteten in allen Farben. Nelson richtete seine Sinne vollständig nach draußen. Es gab so viel zu sehen.

Die beiden Männer konnten sich unbeschwert austauschen, wechselten aber trotzdem in Englisch über.

»Wir fahren direkt zum Wohnheim der kleinen Kicker. Dort hat Frank auch für dich ein Apartment bereitstellen lassen. Du sollst aber noch selbst entscheiden, wie und wo du in der nächsten Zeit wohnen willst.«

»Prima, ich denke momentan sowieso nur an schlafen. Die Reise war lang und bei dem geringen Zeitunterschied von zwei Stunden will ich im Rhythmus bleiben. Vorher interessiert mich nur noch, wie der Kleine unterkommt.«

»Sepp Sutter hat vorgeschlagen, ihn in einem Doppelzimmer unterzubringen. Er hat Samy als Zimmergenossen ausgeguckt. Samy ist aus Gambia, dem kleinsten Staat Afrikas. Er kommt aus der Gegend von Georgetown, wo sich der Gambia River vor seiner Einmündung in den Atlantik zum wiederholten Mal teilt. Er ist Muslim und spricht Gambias Amtssprache Englisch. Das ist ein ganz Lieber, und er spricht auch gut Französisch. Wenn Nelson Heimweh bekommt, und das bekommt er bestimmt, wird Samy ihm eine Hilfe sein.«

»Aha, Sepp zeigt wieder seine Qualitäten als Mädchen für alles. Sehr einfühlsam!«

»Nelson wird damit umgehen müssen, dass die anderen Kinder mauern werden. Jeder Neue ist ihnen suspekt, er ist schließlich ein Mitkonkurrent ums große Geld. Samy ist eine Ausnahme. Er ist weicher. Das wird Nelson guttun.«

»Gott sei Dank wird deren zu erwartende Feindseligkeit immer wieder durch andere Dinge unterbrochen werden. Das wird Nelson ablenken.«

»Ja, das stimmt. Morgen will ihn Frank am Ball sehen. Außerdem ist der medizinische Check angesetzt. Da sollst du als Dolmetscher dabei sein, denn unsere Ärzte sprechen überwiegend Englisch. Am Tag darauf muss der Kleine schon beim Training ran, denn der Scheich will ihn auch begutachten.«

»Immer langsam mit den jungen Pferden«, knurrte Richie. Aber er muckte nicht richtig auf, denn dafür war er viel zu müde.

Nelson erschrak, als sie ihm beibrachten, dass er nicht bei Richie schlafen würde. Doch als er Samy sah, beruhigte er sich ein wenig. Der Junge gefiel ihm.

Richie streichelte ihm über den Kopf und sagte: »Sei tapfer, mein Großer. Du wirst dich hier schnell zurechtfinden. Du siehst ja, wie schön hier alles ist. Oder habe ich dir zu viel versprochen?«

Nelson schüttelte den Kopf.

Richie raffte sich noch auf und erklärte ihm die Lichtschalter, die Toilette, die Dusche und die anderen Einrichtungsgegenstände, die Nelson noch nie gesehen hatte. Dann zog er sich mit einem Klaps auf die Schulter zurück. Sein Apartment war geräumiger und gemütlicher als das Hotelzimmer, stellte er fest. Er brauchte nicht lange, um einzuschlafen.

Am nächsten Morgen war Richie schon sehr früh wach. Er ließ sich gerade durch den Kopf gehen, was heute zu tun war. Ein Anruf von Frank brachte ihn auf »Anfang« zurück.

»Guten Morgen, mein Lieber, schön, dass du da bist! Der heutige Tag wird sich im Ablauf ändern. Ich habe mit Ted Chandler gesprochen, unserem neuen Head der medizinischen Abteilung. Den habe ich erst kürzlich von Manchester United abgeworben. Er ist ein ganz und gar gründlicher Hund und hat mir klargemacht, er brauche für den Check-up von Nelson bis hin zur Auswertung der Ergebnisse den ganzen Tag. Nelsons Schaulaufen noch heute muss ich mir also abschminken.«

»Grüß dich, Frank. Ich hatte mich schon gewundert, dass alles so schnell gehen sollte«, erwiderte Richie. »Können wir uns dann wenigstens sehen?«, schob er nach.

»Auch das wird nicht möglich sein. Wenigstens nicht sofort. Dr. Chandler spricht nur Englisch, und ich möchte dich bitten, bei der Untersuchung von Nelson dabei zu sein. Du kannst übersetzen. Das wird den Jungen beruhigen. Ich habe vor, wenn die Ergebnisse vorliegen, zu euch zu stoßen, dich zu begrüßen und den Kleinen in Augenschein zu nehmen.«

»Perfekt. Wann geht es los? Wo muss ich hin?«

»Ich nehme an, du gehst noch in den Frühstücksraum. Frühstücke gemütlich. Sepp Sutter wird dich und Nelson abholen.«

»Bleibt es trotzdem morgen bei dem Probetraining vor dem Scheich?«

»Ja, da möchte ich keine Änderung vornehmen. Der mächtige Herr wird leicht ungeduldig. Wir sollten uns seine Sympathien nicht verscherzen.«

»Einverstanden. Es wäre natürlich schöner gewesen, wenn Nelson seine Mitspieler vorher kennengelernt hätte. Nun muss er ins kalte Wasser springen. In so was ist er unerfahren. Ich hoffe nicht, dass ihm das zu sehr aufs Gemüt schlägt und sich negativ auf sein Spiel auswirkt. Ich werde ihn heute Abend darauf vorbereiten und ihn etwas moralisch aufbauen.«

Als das Gespräch zu Ende war, würdigte Richie für sich, wie schnell er mit Frank auf den Punkt gekommen war. Sie hatten nie Probleme, schnell Entscheidungen zu treffen und gemeinsam zu tragen. Er hoffte, dass dies während seiner gesamten Tätigkeit so bliebe.

Nelson saß mit Samy schon im Frühstücksraum. Ein Strahlen ging über sein Gesicht und ließ seine gesunden weißen Zähne aufblitzen, als er Richie kommen sah.

»Ich hoffe, du hast gut geschlafen und ihr habt euch vertragen«, begrüßte er die Jungen.

Es war Samy, der als Erster von beiden nickte. Er löffelte im wachsweichen Dotter eines Hühnereis und schob sich eine Portion davon genüsslich in den Mund.

Das war für Nelson eine unbekannte Delikatesse, die er noch nie zu sich genommen hatte. Richie wunderte sich deshalb, dass er ohne Frühstück dasaß. Ob es ihm nicht gut ging?

»Ich darf nichts essen, bevor mich der Doktor angeguckt hat«, erklärte ihm der Kleine. Er schaute dabei etwas ängstlich aus.

»Ja, der Arzt wird überprüfen, ob du gesund genug bist, um ein richtig guter Fußballer zu sein. Du musst keine Angst haben, die Untersuchung tut nicht weh, sie wird allerdings gründlich sein und länger dauern.«

Nelson schaute ihn unsicher an. Sein Hunger auf Frühstück war vergessen. Stattdessen fragte er: »Aber du wirst dabei sein, oder?«

Richie nickte, und der Hauch von Unsicherheit verschwand sofort aus Nelsons Gesicht. Er vertraut mir, dachte Richie zufrieden.

Als Sutter hinzukam, verlief das Kennenlernen total unproblematisch. Man merkte sofort, dass er mit kleinen Kerlen prächtig umgehen konnte. Er fand mit seinem behäbigen Französisch sofort Zugang zu Nelson. Als der von Richie erfuhr, dass Sepp Sutter sein Trainer sein würde, sah er den Schweizer mit Hochachtung an. Immer wieder schielte er zu dessen hellblonder Haarpracht hin, die ihn sehr faszinierte.

Mit einem weißen Van machten sie sich auf zur medizinischen Abteilung.

Ted Chandler wartete zusammen mit 2 Assistenten auf sie. Richie schätzte den Arzt auf Ende 50 und lag damit richtig. Trotz des weißen Einheitskittels wirkte der Doktor »very British«. Er hatte eine grazile Figur. Seine Haare waren weiß, und er trug sie als etwas längere Künstlermähne. Seine Gesichtshaut verriet den starken Raucher. So wie viele Ärzte, die ansonsten Gesundheit predigten, konnte er ohne Zigaretten nicht sein. Die kleinen lustigen Augen und die Raucherstimme machten ihn Richie sofort sympathisch.

»Welcome, Gentlemen«, begrüßte er sie und hielt zunächst Nelson seine Rechte hin.

Der wusste gar nicht, wie ihm geschah. Er hatte den Arzt auch nicht verstanden. Aber instinktiv ergriff er die dargebotene Hand.

Richie erklärte dem Arzt, dass Nelson kein Englisch verstehe und er übersetzen würde. Das Gleiche erklärte er Nelson. »Englisch zu lernen, gehört neben Fußballspielen zu den Aufgaben, die du nun sehr ernst nehmen musst«, fügte er für Nelson hinzu.

»Dr. Chandler, ich bitte Sie, mir vorab zu erklären, was Sie mit Nelson alles vorhaben. Ich möchte ihm das vor der Untersuchung beschreiben. Das wird Druck von ihm nehmen.«

Der Arzt war einverstanden. »Ich sollte ihm vielleicht zuerst Blut abnehmen. Dann kann er etwas essen, während wir sprechen«, meinte er.

»Das ist eine prima Idee. Nelson schiebt nämlich ganz schön Kohldampf. Ich erkläre ihm das gerade.«

Nelson ertrug den Piker wie ein kleiner Held. Er zuckte nicht, als Chandler ihm in die Ader stach. Der Arzt füllte mehrere Röhrchen mit Blut und kennzeichnete auf einem Beizettel genau, welche Blutwerte es zu prüfen galt. Dann gab er die Röhrchen an seinen Assistenten, damit mit der Analyse begonnen werden konnte. Für seinen Patienten orderte er ein reichliches Frühstück.

Sie ließen Nelson in einem Warteraum zurück. Gegen die Langeweile gab es sogar Comics. So etwas hatte Nelson noch nie gesehen.

Die beiden Männer gingen in Chandlers Zimmer.

»Ich werde mich kurz fassen, wir wollen den Jungen nicht zu lange warten lassen. Das würde ihn genauso beunruhigen wie Unwissenheit. Mir ist bekannt, dass Nelson für unseren Sportbetrieb eine teure Investition ist. Ich muss ihn deshalb auf Herz und Nieren prüfen, um mir später kein Versäumnis vorwerfen zu müssen.« Der Doktor fuhr fort: »Gelenke wie Hüfte und Knie, Muskeln und Bänder werde ich besonders unter die Lupe nehmen.«

»Der Junge ist jung und fit, Sie werden sehen«, wiegelte Richie in der Hoffnung ab, die Untersuchung verkürzen zu können.

Doch der Arzt gab ihm sofort Kontra: »Nichts da! Es gibt genügend Ausprägungen verdeckter Mängel. Allzu harte Duelle, kurze Sprints, unglückliche Bewegungsabläufe, unbedachte Sprünge oder schnelles Richtungswechseln und scharfe Antritte sowie abrupte Abstoppbewegungen können Ursache nicht sofort erkennbarer Schädigungen sein. Ungenügendes Aufwärmen und problematische Witterungsbedingungen sowie schlechte Platzverhältnisse, die in der Heimat von Nelson bestimmt vorkommen, sind genauso gefährlich.«

Richie dachte sofort an die Wetterschwankungen und die schlimmen Platzverhältnisse in Douala und hatte keine Gegenargumente mehr.

Der Doktor registrierte dies zufrieden und fuhr schnell fort: »Zudem gehören ein Ruhe- und Belastungs-EKG, eine Blutanalyse, CT und Ultraschalluntersuchung des Herzens dazu. Lassen wir es mit diesen Erklärungen bewenden. Manchmal ergeben sich Notwendigkeiten, weiter zu untersuchen, wenn irgendetwas entdeckt wird.«

Nelson hatte gut gefrühstückt. Nun saß er seelenruhig hinter einem Comicheft, als sie in den Warteraum zurückkamen. Er folgte bereitwillig in das Untersuchungszimmer.

Ted Chandler begann mit dem, was seine kleinen Patienten nach der Blutentnahme am wenigsten mochten. Das wollte er hinter sich bringen: Nelson musste für eine Computertomographie in die Röhre.

Richie übersetzte mit ruhiger Stimme, wie er sich darin verhalten müsse und wofür die Untersuchung wichtig sei.

Die Bilder gingen sofort an einen Spezialisten. Ted Chandler würde dessen Expertise später noch einmal selbst überprüfen. Er befragte den Jungen gewissenhaft nach früheren Unfällen. Damit konnte der nicht dienen. Auch als er einige fußballtypische Bewegungen durchführen musste, erkannte der Arzt keine Auffälligkeiten.

»Ich sagte doch, der Junge ist kerngesund«, murmelte Richie vor sich hin.

Die Zeit verging wie im Flug, ohne dass der Arzt irgendwelche Bedenken festhalten musste. Als er am Ende der Untersuchungen ankam, war schon später Nachmittag.

Chandler lobte Nelson: »Du hast sehr lange durchgehalten und wirst jetzt wieder hungrig sein. Das ist ganz natürlich. Wir bringen dich in den Speiseraum, da darfst du dir was Gutes aussuchen.«

Richie übersetzte und fühlte, wie ihn ebenfalls Hunger befiel. »Da gehe ich gerne mit, Doktor, dann können wir gestärkt mit Frank Schaaf zusammentreffen und auch bei ihm einen guten Eindruck hinterlassen. Ihnen danke ich für die angenehme Kooperation.«

»Ganz meinerseits«, antwortete der Engländer. »Ich bin sehr erleichtert über das positive Untersuchungsergebnis. Sie haben wirklich einen gesunden Jungen gefunden.«

Gegen 18:30 Uhr stieß Frank Schaaf zu ihnen. Er sieht müde aus, dachte Richie. Dabei bemühte sich Frank, gute Laune auszustrahlen. Er hatte, wie von Richie vorhergesagt, dafür doppelten Grund. Die große Veranstaltung war für Katar in Tüten und Nelson stand gesund vor ihm. Er ging auf Richie zu und umarmte ihn stürmisch. Der war von so viel Wiedersehensfreude überrascht. Frank verhielt sich auch mehr aus Kalkül so; er wollte mit der freundschaftlichen Geste Nelsons Vertrauen gewinnen. Immerhin war Richie dessen wichtigste Bezugsperson. Wer Richie mochte, den würde auch Nelson mögen.

Nach einigen Sekunden durchschaute Richie dieses Manöver, gab ihm einen Klaps auf die Schulter und sagte: »Du gerissener Hund!«

Bei Nelson funktionierte der Trick. Er sah den Fremden mit seinen großen Kirschaugen vertrauensvoll an. Als Richie auch noch erklärte: »Das ist Frank Schaaf. Ihm verdankst du, dass du hier sein darfst. Er hat mir ermöglicht, dich zu holen. Er ist unser Freund«, war alles klar.

»Und du bist wirklich ein guter Fußballspieler?«, wandte sich Frank an den Jungen.

»Ich war in unserm Viertel immer der Beste«, antwortete Nelson wie aus der Pistole geschossen.

Frank musste grinsen. »Dann komm mal mit und beweis es mir. Dr. Chandler hat mir bereits die Ergebnisse seiner Untersuchung geschickt. Du bist kerngesund, und das ist schon mal sehr gut.«

Frank ging voraus, Richie und Nelson folgten. Vor der Tür stand ein Golfwagen. Frank bot Richie den Platz neben sich an und hieß Nelson hinten aufzusitzen. »Pass mit dem Sitz auf, der Bezug ist heiß. Wir haben immerhin über 40 °C«, warnte er den Jungen.

Nelson sah ihn ungläubig an und konnte sich ein Widerwort nicht verkneifen: »So heiß, das gibt es doch gar nicht. Bei uns zuhause wird es höchstens mal 34 °C, und dann will schon keiner mehr arbeiten.« Schon als er es ausgesprochen hatte, wurde ihm bewusst, wie heiß es hier wirklich war. Betroffen schwieg er.

Frank Schaaf ahnte Nelsons Gedanken und wandte sich erneut an ihn: »Jetzt glaubst du es wohl. Wir fahren nun zusammen in unsere große Sporthalle. Darin ist auch ein Fußballfeld, und sie ist schön kühl. Dort kannst du mir besser deine Künste zeigen. Dort gibt es keinen Grund, nicht zu arbeiten.«

Richie hatte sich zu Nelson umgedreht. »Ungläubiger Thomas«, spottete er. »Frank sagt die Wahrheit. Und du blamier mich bitte nicht.«

Nelson war um eine besonders coole Antwort bemüht, er wollte Eindruck schinden: »Ich werde mir für dich den Arsch aufreißen und bestimmt klarkommen.« Während er dies sagte, kratzte er sich nervös den Flaum über seiner Oberlippe.

Frank lachte über so viel Kessheit. »Der Junge hat Selbstvertrauen«, raunte er Richie anerkennend zu.

Der Fahrtwind milderte die Hitze in dem Glutofen kaum. Doch die beeindruckenden Außenanlagen lenkten Nelson so ab, dass er nicht darunter litt. So etwas hatte er noch nie gesehen. Sein Staunen wurde noch größer, als sie den Hallenkomplex betraten. Auf einmal wurde es angenehm kühl.

»Wie machen die das denn?«, wollte er von seinen Begleitern wissen.

Richie übernahm die Erklärung: »Hast du schon einmal Kühlschränke bei deiner Mutter auf dem Fischmarkt gesehen?«

»Ja, jedes Mal, wenn ich dort war. In deren Nähe war es bei Wärme immer gemütlich, wenn die Türen auf waren.«

»Dann stell dir vor, dass das ganze Haus hier ein großer Kühlschrank ist. Hier arbeiten viele Maschinen, damit es so angenehm bleibt.«

»Das ist ja Zauberei«, flüsterte Nelson ehrfürchtig.

Für Frank und Richie stand fest, dass der Kleine noch viel dazulernen musste, um in dieser technisierten Welt zu bestehen. Richie beschloss, ihn durch viel Erklären davor zu bewahren, von anderen Jungs verspottet zu werden.

In der Fußballhalle waren die Plätze mit den Kleintoren noch aufgebaut.

Die jungen Kicker hatten heute schon trainiert. Frank rief einen Helfer herbei und bat ihn, für Nelson ein paar Fußballschuhe zu besorgen sowie einen Ball. Der Trainingsanzug, den Nelson trug, würde als Outfit genügen.

Der junge Mann sah nur kurz auf Nelsons Füße und schätzte deren Größe ein. Dann machte er sich auf den Weg.

Frank lächelte, als er sah, mit welcher Ungeduld Nelson die Schuhe schnürte. Er warf ihm ohne Vorwarnung den Ball zu. Der schlug nur einmal auf dem Kunstrasen auf, dann nahm ihn Nelson mit dem rechten Fuß in der Luft an und hatte ihn unter Kontrolle. Damit ließ er es nicht bewenden. Mit einer raschen Drehbewegung richtete er sich zum Tor hin aus, und der Ball schlug wie eine Bombe in die rechte obere Ecke ein.

Frank zeigte nicht, wie sehr er beeindruckt war. Aber er konnte sich nicht verkneifen, Richie heimlich zuzuzwinkern.

Nelson holte sich den Ball spielerisch zurück, tippte ihn an und schoss ihn leicht über seinen Kopf. Er fing ihn mit der Stirn auf und ließ ihn unentwegt tanzen. Er variierte in großer Spielfreude die Höhe der Flugbahn und behielt den Ball in der Luft. Erst als es ihm langweilig wurde, so weiterzuköpfen, ließ er ihn aufklatschen und drechselte ihn mit einer neuerlichen Drehbewegung, diesmal ins linke untere Eck.

Richie flüsterte Frank zu: »Zuhause nennen sie ihn den kleinen Django. Dort schoss er in gleicher Manier mit absoluter Treffsicherheit Autospiegel ab.«

»Wie klappt es denn, wenn du es mit anderen Spielern aufnehmen musst?«, wollte Frank wissen.

»Dann bin ich fast immer Sieger«, antwortete Nelson trocken. »Zweiter Sieger zu sein, ist nämlich scheiße.«

»Der Junge scheint mir auch noch ein echter Entertainer zu sein«, sagte Frank belustigt zu seinem Freund, und Richie lachte. Er war zufrieden, Nelson legte für ihn Ehre ein.

Frank wurde ernst. »Das sollte fürs Erste genügen. Du hast deine Sache gut gemacht, Kleiner. Aber morgen wird es richtig wichtig. Dann wirst du mit den anderen Jungen spielen, und der Scheich wird dabei zuschauen.«

»Was ist ein Scheich?«

»Das ist einer der Chefs des Landes. Er hat die Macht und das Geld. Er bezahlt auch alles, was du kostest und einmal verdienen wirst, wenn du so gut wirst, wie du uns glauben machst. Riskiere morgen nicht eine so große Lippe wie heute. Entbiete dem Herrscher großen Respekt, verärgere ihn nicht.«

Nelson wurde ganz kleinlaut. Er beschloss, am besten zu schweigen und Taten sprechen zu lassen.

Richie sprang ein: »Dann sage ich für heute Tschüss. Ich nehme Nelson noch zu mir mit aufs Zimmer. Ich muss ihm für morgen noch einiges erklären. Wie du schon sagtest, Frank, er soll morgen auf jeden Fall Ehre einlegen. Du weißt, ich bin von ihm überzeugt.«

»Okay, das passt schon, und mich hast du auch schon halb gewonnen.« Er verabschiedete sich von Nelson mit einem kleinen Klaps.

Richie und Nelson nahmen einen Golfwagen und fuhren zum Wohnhaus zurück. Auch in Richies Apartment kam Nelson aus dem Staunen nicht heraus. Richie nahm sich geduldig die Zeit, ihm alles zu zeigen und zu erklären. Dann setzten sie sich in die Sitzecke, und Richie begann mit seinen Unterweisungen: »Du wirst morgen ziemlich unvorbereitet vor den Scheich treten. Auch deine Mitspieler kennst du nicht. Das darf dich nicht abhalten, dein Bestes zu geben. Und nun einige Ratschläge, die dir dies erleichtern werden.«

Nelson hing an seinen Lippen.

»Wenn du dich nicht wirklich vorbereiten kannst, dann musst du das eben in deinem Kopf tun. Es hilft sehr, wenn man sich ein bestimmtes Ereignis, zum Beispiel das Vorspielen, im Kopf vorstellt. Man erhält ein Bild, und es entsteht ein Plan, der sich in die Wirklichkeit umsetzen lässt. Alles spielt sich nämlich zunächst im Kopf ab. Du kannst das üben, indem du dich erst einmal für etwa 10 Minuten in eine ruhige Ecke setzt, die Augen schließt und vollkommen entspannst. Dann probierst du deine Gedanken auf das Vorspielen zu lenken. Trainiere Technik, Freistöße, Elfmeter, Pässe und, und, und. Du weißt: *Übung macht den Meister.* Ich erinnere mich gut daran, wie du zuhause an der Wand Kopfball geübt hast.«

»Ja, dabei haben wir uns kennengelernt«, warf der Junge ein. Richie ging darüber hinweg und fuhr fort: »Du kannst diese Übung nutzen, um dich von Druck zu befreien, aber auch, um das morgige Fußballtraining vorzubereiten. Dein Gehirn kann kaum unterscheiden, ob wirklich trainiert oder nur im Kopf trainiert wird. Das braucht natürlich Übung, aber darin bist du ja Meister. Man nennt diesen Vorgang Visualisieren, sich geistig etwas vor Augen führen. Versuche dich so auf das morgige Spiel zu konzentrieren. Es sollte dir dann alles wesentlich besser gelingen. Immer wenn andere Gedanken aufkommen, lässt du sie einfach vorbeiziehen. Verschiebe sie auf die Zeit nach dem Spiel. Das ist ein guter Weg, dir einen freien Kopf zu verschaffen. Merke dir: Alles, was man sich vorstellen kann, gibt es auch und kann so geschehen.«

»Wenn das wirklich klappt, musst du mir davon noch mehr erzählen«, sagte der Junge atemlos, und Richie ließ sich nicht lumpen: »Dann hör dir noch meine Ratschläge für einen Elfmeterschuss an. Man unterscheidet vereinfacht zwischen 2 Typen von Elfmeterschützen. Der eine ist abgeklärt und kaltblütig, denkt überhaupt nicht nach, sondern handelt einfach. Torhüter haben gegen ihn keine Chance. Dann gibt es noch den anderen Typen. Der legt sich den Ball umständlich auf dem Punkt zurecht, überlegt lange, schaut auf den Torwart und überlegt erneut, dann schaut er auf die Zuschauerränge und überlegt ein weiteres Mal, schaut auf den Schiedsrichter und überlegt. In seinem Kopf herrscht ein Durcheinander, er ist sehr unsicher und weiß nicht, wie er den Ball im Tor unterbringen soll. Der gegnerische Torwart trägt seinen Teil dazu bei, dies zu verhindern, und verunsichert ihn zusätzlich mit ›Psychospielchen‹. Solche Elfmeterschützen können keinen Ball ins Netz setzen. Der Torhüter wird Sieger bleiben. Wie wirst du dich also künftig verhalten?«

»Kalt und abgeklärt«, wiederholte Nelson die gerade gehörten Worte.

»Du hast gut aufgepasst. Dann trennen sich jetzt unsere Wege. Such dir eine ruhige Ecke. Dann bis morgen.«

Er brachte den Jungen in dessen Zimmer. Samy war noch nicht da. Vielleicht saßen die Jungen noch zusammen und tratschten über den Neuen. Richie wollte alles tun, dass der bald zu ihnen gehörte.

Er sah durch sein Fenster, dass die Sonne draußen schon brannte. Er hatte sich zur Feier des Tages einer perfekten Rasur unterzogen. Es war kein Schnitt danebengegangen. Das war ein gutes Omen. *She came in through the bathroom window*, sang er den Beatles-Song an. Dann rief er sich zur Ordnung. Er durfte nicht nervöser sein als seine junge Entdeckung. Er verspürte, dass dies leicht der Fall sein konnte, wenn sich Nelson wirklich an seine Ratschläge hielt, abgeklärt und kaltblütig zu sein, und dies nicht nur beim Elfmeterschießen.

Er ging mit Nelson gemeinsam zum Frühstück, denn er hatte noch einige Ratschläge in petto, die hatte er über Nacht »zusammengegrübelt«. Frischer Kaffeeduft wehte zu ihm herüber. Ob er den Jungen mit seinen Tipps nicht zu sehr nervte? Er entschloss sich, sie trotzdem an den Mann zu bringen. Nelson brauchte schließlich jede Hilfe! Er sollte sich unterstützt und behütet fühlen.

Heute gönnte sich der Junge das erste weichgekochte Ei. Für einen Moment hatte er gezaudert, als er vor einer Platte mit Spiegeleiern stand. Er war kurz davor, dorthin zu greifen. Da erinnerte er sich an Richies Worte: *Zögern ist ein Irrweg!* Er hatte sich schon beim Aufstehen auf ein gekochtes Ei gefreut und würde dabei bleiben.

Dieser Entscheidungsprozess verlief still. Richie blieb verborgen, wie sehr der Junge seine Ratschläge verinnerlicht hatte und sogar bei alltäglichen Wahlmöglichkeiten einsetzte. Er nutzte das Beisammensein, Nelson seine weiteren Tipps anzudienen. Er tat es mit großer Überzeugungskraft: »Mach nicht nur dein eigenes Ding. Spiel mannschaftsdienlich. Das wird deine neuen Kameraden, aber auch den Scheich für dich einnehmen. Egoisten fallen schnell durch das Raster. Das heißt natürlich nicht, dass du dein Können unter den Scheffel stellen sollst. Kämpfe bis zum Umfallen, gib nicht auf. Alles aber nicht nur für dich, sondern auch für dein Team. Du darfst dir deiner Stärken bewusst sein, musst sie aber für die Mannschaft nutzen. Bewahre Ruhe. Lass dich von einem Gegner nicht unter Druck setzen, sonst machst du Fehler. Genauso wichtig ist, dass du fair und ehrlich spielst. Man begegnet sich mindestens zweimal im Leben, merk dir das! Das wird dir nutzen, wenn du einmal nicht die Oberhand behältst. Du wirst eine zweite Chance bekommen. Am Anfang werden dich deine Mitspieler kritisch beäugen und alles dafür tun, ihre eigene Position in der Mannschaft zu halten oder gar zu stärken. Verschaffe dir Respekt durch dein Spiel und vielleicht ihre Freundschaft durch Fairness.«

Nelson hatte bei diesem Redeschwall stoisch und genussvoll gegessen. Das fiel Richie erst auf, als er zum Schluss kam. Den regt wirklich nichts auf, erkannte er. Auch bei ihm ließ mit dieser Erkenntnis die Unruhe nach.

Anders als beim ersten Treffen war der Scheich dieses Mal pünktlich. Er wusste, dass das Training zeitlich nach festen Regeln ablief. Er saß in einem bequemen Sessel am Spielfeldrand und ließ sich von Frank Schaaf den Neuzugang zeigen. Dem Jungen selbst gönnte er zunächst kein Wort.

Auf Richies Wunsch hin hatte Sepp Sutter die Gegenmannschaft von Nelson besonders gut bestückt. Seydou war dabei die härteste Nuss. Bei ihm begannen technische Feinheiten mit dem Einsatz der Ellenbogen. Er würde bestimmt vor nichts zurückschrecken. Es galt, ihm eher auf die Finger zu klopfen, bevor ein richtiges Unglück geschah. Das behielt sich Sutter auch als letzte Option vor. Er teilte die beiden Mannschaften entsprechend auf und pfiff das Spiel an.

Der »weiche« Samy war in Nelsons Mannschaft, sah Richie. Nun musste man abwarten, wie alles funktionierte.

Das Spiel begann mit dem üblichen Abtasten. Richie glaubte zu sehen, dass der Scheich schon unruhig wurde. Nelson hielt sich allzu sehr an die empfangenen Ratschläge. Er spielte mannschaftsdienlich und glänzte selbst wenig, befand Richie enttäuscht. Dann war es Seydou, der dafür sorgte, dass das Bild sich wandelte. Er ging Nelson frontal an, spielte auf die Knochen. Das gelang ihm allerdings nicht wirklich, dazu war Nelson zu schnell. Der hielt weniger mit Härte als mit Schnelligkeit dagegen. Er trippelte seinen rüden Gegner ein über das andere Mal aus und zeigte ihm seine Grenzen. Sein Erfolg baute auch seine schwächeren Mitspieler auf. Sein Team gewann zusehends die Oberhand. Es war ein glücklicher Umstand, dass Nelson auch noch den entscheidenden Treffer landete, und das aus einem unmöglichen Winkel. Ein Urschrei fuhr aus seiner Kehle und machte ihn, nicht nur in den Augen seiner Kameraden, zum Siegertypen.

Sepp Sutters Sympathie war ihm sicher. Der Neue hatte ihn überzeugt. Er pfiff die Partie zum richtigen Zeitpunkt ab.

»Das ist ein hoffnungsvoller Linksfuß, ein Künstler der Flanken und des Torschusses«, lobte der Scheich. Er sprach, Gott sei Dank, Englisch, sodass ihn Nelson nicht verstand und eingebildet wurde. »Ich muss zugeben, der Junge kann wirklich ein Fußballgott werden. Weiter so!«, richtete Tamim bin Hamad sein Wort an Frank Schaaf, Richie Finz und Sepp Sutter. Die nahmen diesen Auftrag gerne an.

Am Ende des erfolgreichen Spiels bat Nelson seinen Entdecker: »Kannst du meiner Mutter eine Nachricht schicken? Sie ist so aufgeregt, wie du und ich es gewesen sind.«

Richie überlegte einen Moment, dann stimmte er zu. Es schien ihm zwar noch zu früh für eine Nachricht; eigentlich war noch gar nichts erreicht, und es konnte noch so viel geschehen. Aber er wollte vermeiden, Nelson zu vergrämen. Das würde ihn womöglich sportlich zurückwerfen.

Der bemerkte sein Zögern und drängelte nochmals: »Du weißt doch, was meine Mutter mir auf den Weg mitgab: ›Denk daran, mein Junge, sei stark und tüchtig. Wenn du wirklich ein Trikot trägst, wird das das ganze Leben deiner Familie verändern.‹ Ich möchte ihr den Wunsch auf jeden Fall erfüllen. Sag ihr das.«

Für Nelson war der Fußballtag noch längst nicht vorbei. Er suchte sich eine ruhige Ecke, und schon bald ging wieder das »Kopfkino« los. Er hatte Blut geleckt.

Als die Nachricht von Nelsons gutem Start nach zwei Wochen in Douala ankam, konnte Ajara Cherono Tränen der Rührung nicht zurückhalten. Sie war stolz auf ihren Sohn.

Bald teilte das ganze Viertel ihr Glück. Den kleinen Fußballern wurde Nelson zum Vorbild. Alle träumten davon, so wie er zu werden. Vielleicht hatte Richie wirklich damit recht gehabt, dass die Nachricht zu früh käme. Nelson hatte noch nichts erreicht, und noch vieles konnte passieren. Doch für Ajara Cherono war die Nachricht Balsam für die Seele gewesen.

Um den positiven Verlauf zu sichern, machte Richie mit seinen Belehrungen weiter: »Du musst in allem diszipliniert sein. Steck dir Zwischenziele und verfolge sie. Wenn du sie erreicht hast, steck sie höher.« Solche prägnanten Sätze bläute er seinem Schützling ständig ein.

Nachdem Nelson die Gunst des Scheichs gewonnen hatte, geschahen ungeahnte Dinge. Was nun eingestiefelt wurde, war selbst für Richie eine Überraschung.

Nelson wurde als Neuzugang auf der Homepage des Aspire Dome und in Pressemitteilungen präsentiert. Auch die Gelben Seiten des Fußballs wurden bestückt. Dort sollte man den hoffnungsvollen Jungen auch wiederfinden. Solch starke Marketingbegleitung kannte Richie nicht, und Frank setzte für ihn noch eine Überraschung obendrauf: »Dein Name wird auch transportiert, Richie. Bei Nelsons Spielerprofil wird vermerkt, welcher Berater ihn unterstützt. Das wirst natürlich du sein. Das ist kostenlose Werbung für dich.«

Mira sah in Frankfurt per Zufall Richies Internetauftritt. Alte Gefühle wurden wach, aber sie wusste nicht, ob sie sich über seinen Erfolg freuen sollte.

Bald gingen die Visits über sechzigtausend am Tag. Sie wurden stetig mehr, denn es gingen mehr als eineinhalb Millionen Fußballverrückte täglich auf Transfermarkt.de, um sich über neue Hoffnungsträger zu informieren.

Sepp Sutter blieb dabei, Nelson und Seydou in gegnerischen Mannschaften spielen zu lassen. Sie sollten auf diese Weise aneinander wachsen. Diese Maßnahme zwang ihn aber, beide besonders im Auge zu behalten. Ohne Maßregelungen kam er nicht aus. Seydou mahnte er: »Sei freundlich auf dem Weg nach oben. Auf dem Weg nach unten, der auch für dich kommen wird, triffst du die wieder, die du schlecht behandelt hast. Was die dann mit dir machen, kannst du dir vorstellen.«

Seydou konnte das nicht, war uneinsichtig. Er war völlig unverkopft, nur triebgesteuert. Das Gesicht des kleinen Wüstlings fror bei Sutters Warnung regelrecht ein, als hätte jemand bei ihm den Stecker gezogen.

Auch mit Nelson war es nicht leicht. Als ihn sein Intimfeind mal wieder attackiert hatte, warf er am Ende des Spiels vor Wut seine Schuhe an die Wand. Am liebsten hätte er sie nach Seydou geschmissen.

Als Sutter das sah, reagierte er sofort. Sein Tadel war für Nelson jedoch subtiler: »Gib acht, was du tust. Schuhe gelten in diesem Land als äußerst schmutzig, als besonders verachtenswert, auch wenn sie von deinen Füßen Staub und Straßendreck abwehren. Wenn du jemanden mit ihnen triffst, ziehst du dir dessen Zorn zu. Er wird nach Rache gieren. Pass also auf und beherrsche dich.«

Nelson war unter den Worten zusammengezuckt. Er ärgerte sich, dass sein Trainer das Fehlverhalten entdeckt hatte, und unterließ so etwas künftig. Er strafte den Rivalen stattdessen mit Nichtbeachtung.

Seydou verstand überhaupt nicht, dass Nelson keine Anstrengungen machte, sich für seine Untaten zu rächen, und sie und ihn nur ignorierte. Das schmerzte ihn stärker als eine offene Konfrontation, die er so dringend suchte.

Als Nelsons inzwischen gewonnene Freunde es ihm gleichtaten, machte das Seydou noch mehr zu schaffen. Er war gewohnt, sich mit Muskelkraft durchzusetzen, und konnte in einem so subtilen Kampf nicht dagegenhalten. Anders als Nelson hatte er auch keinen Ratgeber. Etwas bewirkte das ungleiche Duell allerdings: Auch er kam ans Denken, und wenn es nur das Ausdenken immer neuer Vernichtungsspielchen war.

Die Hoffnung von Sepp Sutter, die beiden Rivalen würden ihr Leistungsniveau gegenseitig hinaufziehen, ging nicht auf.

Seydou war einen ganzen Kopf größer als Nelson, aber er konnte ihm in Technik, Entschlossenheit und Nervenbewahren nichts entgegensetzen. Sein Weg würde bald schon nach unten führen. Nelson entwickelte sich hingegen zum Anführer der jungen Kicker. Er wurde nicht nur zum funktionalen Führer, der die Initiative übernahm, sondern auch zum emotionalen, der für den Zusammenhalt sorgte. Selbst der ruhige Samy blühte unter seinem Schutz auf.

Richie und Frank sahen mit großer Erleichterung, wie gut Nelson einschlug, und auch der Scheich war zufrieden mit dem positiven Reporting, das er wöchentlich erhielt. Bald waren es nicht nur die Jugendlichen, die Nelsons besondere Fähigkeiten achteten, auch die Erwachsenen sprachen von ihm als Geheimtipp.

Nelson quälte sich rastlos im Training. Alles, was er vorher instinktiv getan hatte, bekam nach und nach einen Namen: Außenspannschuss, Fallrückzieher, Hechtkopfstoß, Flanke, langer Pass.

Seydou wollte diese Entwicklung nicht hinnehmen. Er suchte nach jeder denkbaren Möglichkeit, Nelson zu schaden. Als der während des Trainings einmal abgelenkt war, schoss ihm Seydou absichtlich mit voller Kraft den Ball ins Gesicht. Nelsons Kopf flog nach hinten, seine Nackenwirbel knackten gefährlich und verlangten nach einer Halskrause. Unter dem rechten Auge bildete sich ein riesiger Bluterguss. Der heilte nur langsam ab. Zunächst wurden die Ränder grün und gelb, dann immer heller, aber die Mitte blieb dunkelblau, fast schwarz. Nelson litt unter diesem Zeichen seiner Unaufmerksamkeit und hegte zu Recht Verdacht, dass Seydou die bewusst genutzt hatte.

Sepp Sutter dachte ähnlich. Der Unfall wurde für Nelson jedoch nicht zum Handikap, sondern spornte ihn an, noch erfolgreicher gegen seinen Intimfeind aufzutrumpfen. Immer wenn er morgens die schillernden Flecken ums Auge im Spiegel sah, schwor er sich darauf ein, auch an diesem Tag erster Sieger zu werden.

Seydou gab jedoch nicht auf. Davon war er meilenweit entfernt. Als Straßenkind war er zu kämpfen gewohnt, und das wollte er gegen Nelson mit allen Mitteln tun.

Eines Tages ließ er bewusst sein Mobiltelefon sowie den MP3-Player in seinem Zimmer zurück.

Er versteckte die beiden Geräte tief unter der Wäsche in seinem Kleiderschrank. Als er später am Tag nach dem Training zurück in den Umkleideraum kam, zeterte er laut und meldete die Dinge beim Trainer als gestohlen. »Mir ist aufgefallen, dass Nelson vorhin allein in den Raum zurückgegangen ist«, fügte er leise hinzu.

Sepp Sutter machte den Vorwurf nicht öffentlich, sondern antwortete genauso leise: »Ich werde der Sache nachgehen.« Er glaubte dem Jungen kein Wort. Nelson hatte zwar solche Geräte noch nicht, aber es war für Sutter undenkbar, dass der Junge stahl. Er hielt ihn für eine grundehrliche Haut.

Als die Spieler am Abend im Kasino zum Nachtessen saßen, inspizierte Sutter Seydous Zimmer. Aus Erfahrung wusste er, wo er suchen musste, und wurde schnell fündig. Er nahm die beiden Geräte an sich und konfiszierte sie für immer. Er verlor kein Wort darüber, genauso wenig wie Seydou, als er den wirklichen Verlust bemerkte. Er dachte sich seinen Teil. Des Trainers Strafe hatte gesessen.

Auch in den täglichen Schulstunden erwies sich Nelson anstelliger als die meisten Jungen. Hier sammelte allerdings Samy noch mehr Pluspunkte. Die Freundschaft mit ihm machte sich nun für Nelson bezahlt. Er hatte damit begonnen, neben den Schulstunden täglich 10 Worte Englisch zu lernen. Sein Wortschatz war dadurch stetig gewachsen, doch Grammatik fiel ihm noch schwer. Samy korrigierte ihn geduldig und ruhig, wenn sie in den kühleren Abendstunden draußen noch etwas spazieren gingen. Nelson versuchte, wo immer möglich, Englisch zu reden.

Sepp Sutter schmunzelte, als der Junge ihn im Training versehentlich rempelte und »Sorry, Coach« sagte.

Er hielt mit dem Neuerlernten nicht hinter dem Berg. Als er das nächste Mal ein Tor schoss, sagte er stolz: »I feel better today!«

Sepp Sutter überraschte seine Zöglinge ab und zu mit besonderen Unternehmungen. So wurden die Tage nicht zur Routine. Nach einer harten Trainingseinheit rief er sie zusammen und sagte: »Männer, am Samstag werden wir gemeinsam ins Al-Ahli-Stadion fahren. Es liegt im Herzen unserer Hauptstadt und ist das Heimatstadion des SC Al-Ahli. Unsere Nationalmannschaft tritt dort gegen die Auswahlmannschaft des Iran an. Wegen der großen Hitze natürlich am Abend. Ihr dürft euch ansehen, wie die Männer spielen. Da werdet ihr sehen, dass ihr noch viel lernen müsst.

Die Jungen wurden sehr aufgeregt. Zwischenfragen kamen auf: »Was ist Iran?«, wollte Samy wissen.

»Ach Samy, deine Frage hat nichts mit Fußball zu tun, aber ich will sie dir beantworten: Der Iran ist ein großer Staat in Vorderasien. Er hat mehr als 75 Millionen Einwohner. Katar war bei den Asienspielen mit dem Iran in einer Gruppe. Die Mannschaft spielt sehr unbequem.«

»Werden viele Zuschauer da sein?«

»Das denke ich, die Katarer lieben Zerstreuung. Die Arena fasst 20 Tausend Zuschauer, und sie wird ausverkauft sein.«

»Sitzen wir zusammen?«

»Ja, das werden wir. Euch wird eine besondere Ehre zuteil. Ihr sitzt im Ehrenbereich. Scheich Tamim bin Hamad hat mir die entsprechenden Eintrittskarten überlassen. Benehmt euch ordentlich, ihr werdet in seiner Nähe sitzen und in der unserer Ehrengäste aus dem Iran. Wir fahren mit unserem Bus ins Stadion, und ihr könnt die vielen herrlichen Gebäude von Doha bei Nacht sehen. Es lohnt sich aufzupassen und nicht nur dumm herumzuquatschen.«

Die Jungen zählten von da an die Stunden bis zu dem großen Ereignis. Als sie am Samstagabend losfuhren, war es immer noch über dreißig Grad warm. Sie waren einheitlich gekleidet, sehr luftig mit weißem T-Shirt und weißer Leinenhose.

»So kann man euch vorzeigen«, lobte sie Sepp Sutter, als er sie inspizierte.

Einige der Jungen hatten die eleganten Bauten der Hauptstadt noch nicht aus der Nähe gesehen. Sie staunten nun Bauklötze. Dauernd machten sie sich gegenseitig auf irgendetwas Besonderes aufmerksam. Das Vorfahren am Stadion wurde zum Erlebnis. Ihr Bus hatte eine besondere Zufahrtserlaubnis. Er wurde zu seinem reservierten Stellplatz eskortiert. Sie gingen dann gemeinsam durch einen für Ehrengäste gekennzeichneten Eingang in den Stadionbereich. Bevor sie eine Treppe zu den VIP-Räumen hochgehen durften, bekamen sie eine Akkreditierung. Sie wurde ihnen von Hostessen in schmucken Uniformen an einem hellblauen Band um den Hals gehängt. Das war alles sehr aufregend. Als sie wieder ans Tageslicht kamen, sahen sie, wie viele Menschen bereits anwesend waren. Es herrschte eine enorme Betriebsamkeit. Weitere Hostessen standen hinter Theken und boten Erfrischungen an: Säfte in kalten, beschlagenen Gläsern, Coca-Cola, Limonaden und Eistee. An anderer Stelle warteten Früchte, kleine Süßspeisen, Eis und Konfekt auf den Verzehr.

»Ihr dürft euch bedienen«, sagte der Trainer großzügig. »Aber seid vernünftig und diszipliniert. Verderbt euch nicht den Magen.«

Seydou gehörte zu den Ersten, die sich an die Büfetts heranwagten.

Im Freien war alles noch viel interessanter. Der grüne Rasen leuchtete im Licht der Scheinwerfer. Die Linien des Spielfelds waren sauber gezogen. Aus verdeckten Lautsprechern klang laute Musik. Sepp Sutter führte seine Schützlinge zum Ehrengastbereich. Dort waren die Plätze viel komfortabler. Die Jungen kamen aus dem Staunen nicht mehr heraus. Dass sie dort sitzen sollten, machte sie schüchtern und ängstlich. Ihre Plätze lagen auf Höhe der Mittellinie, allerdings ganz unten am Spielfeldrand. Ihr Trainer wies sie ihnen einzeln zu. Samy durfte neben Nelson sitzen. Dort fühlte er sich sicher. Das wäre kaum der Fall gewesen, hätte er gewusst, in welchem Aufruhr sich Nelsons Inneres befand.

Sie lagen gut in der Zeit, es war noch eine halbe Stunde vor Spielbeginn. Sie konnten sich in Ruhe umsehen und taten es zuerst vorsichtig, dann immer frecher. Einige der Jungen standen dafür sogar auf.

Sepp Sutter gab ihnen einige Erläuterungen: »Dort oben seht ihr 2 leere Reihen. Der Scheich und seine Leute werden dort sitzen, zusammen mit den Gästen aus dem Iran. Er hat euch dann genau im Blick, benehmt euch also ordentlich.«

Hinter diesen Reihen hingen 2 Fahnen von oben herab. Die Fahne von Katar kannte Nelson. »Die andere wird dem Iran gehören«, mutmaßte Samy.

Erst kurz vor Spielbeginn kamen die mächtigen Herren aus der Kühle des Gebäudes in die Wärme und nahmen ihre Plätze ein. Die beiden Mannschaften liefen auf das Feld und bauten sich in einer Reihe quer zur Mittellinie auf. Eine Musikkapelle marschierte auf den Rasen.

»Die spielen gleich die Hymnen, das sind die Lieder der beiden Länder«, erklärte Sepp Sutter.

Bis die Musik begann, hatten sich alle hingestellt, und es war still geworden im Stadion. Dann begannen die Zuschauer, die Hymnen mitzusingen. Mit dem Abgang des Musikzugs kam Leben in die Mannschaften. Die Spieler begrüßten sich mit Handschlag und die Spielführer tauschten Wimpel. Alles war für die Jungen wie aus einer anderen Welt. Nachdem der Schiedsrichter ausgelost hatte, welche Mannschaft Anstoß hatte, und auch die Platzwahl getroffen war, postierten sich die Mannschaften in ihren Feldern, und der Schiedsrichter pfiff das Spiel an. Die Menge toste.

Die Spielweise der beiden Teams war höchst unterschiedlich. Katar drängte, der Iran verteidigte. Die überwiegende Zahl der Zuschauer bestand natürlich aus Einheimischen. Entsprechend stark wurde die Heimmannschaft angefeuert.

Zur Halbzeit stand es immer noch 0 : 0. In ihr ereignete sich etwas Unerwartetes: Der Scheich zitierte Nelson zu sich und seinen Gästen hinauf. Er präsentierte ihn als seinen neuen Wunderspieler und schwärmte von seinen Fähigkeiten.

Nelson wurde sehr verlegen, denn er verstand inzwischen einiges von dem, was der Scheich sagte. Er blieb stumm und stand nur schüchtern da. Was war das für eine Erleichterung, als der Scheich ihn mit einer lässigen Handbewegung entließ. In Windeseile lief er zu seinem Sitzplatz zurück. Alle Kameraden bewunderten ihn für diesen Auftritt, nur Seydou hasste ihn dafür und dachte schon über eine Strafe nach.

Es dauerte bis weit in die zweite Spielhälfte hinein, bevor für Katar das entscheidende Tor fiel. Große Erleichterung und Jubel machten sich breit. Man hatte sich vor der Herrscherfamilie nicht blamiert. Das war das Wichtigste.

Während die meisten Gäste nach dem Spiel noch im Stadion verweilten, tranken und Speisen zu sich nahmen, drängte Sepp Sutter zum Aufbruch. Die Jugendlichen gehörten ins Bett. Auf der Rückfahrt analysierte er für sie den Spielverlauf: »Die Iraner haben versucht, aus einer verstärkten Deckung zu spielen, und haben auf Kontermöglichkeiten gewartet. Unsere Spieler haben diesen Plan durchkreuzt. Sie machten das Spiel weit und kamen über die Flügel. So haben sie die iranische Deckung auseinandergezogen. Erst auf Torhöhe kam der Schuss in die Mitte und von dort ins Tor. Damit waren wir auf der Siegesstraße. Ihr kennt doch alle eine Schere?«

Die Jungen bestätigten das lautstark.

»Die funktioniert genauso. Man muss ihre beiden Hälften öffnen, um schneiden zu können. Dann schnippt man sie wieder zusammen und schneidet, das ist wie der Schuss.

Die Jungen verstanden ihn sofort. Seydou hatte nur mit einem Ohr hingehört. Er hatte stattdessen über einem Racheplan gegen Nelson gegrübelt, den er in dieser Nacht noch verwirklichen wollte. Ein Schadenzauber von zuhause war ihm eingefallen. Die Alten daheim hatten behauptet, dass man mit ihm großes Unheil über einen Gegner bringen könne. Seydou war abergläubisch und fest davon überzeugt, dass er Nelson damit vernichten konnte, und zwar endgültig. Er brauchte für seinen Plan ein grünes Pulver. Bei dessen Zubereitung hatte er oft zugeschaut. Die Herstellung war leicht, und die Zutaten waren schnell zusammengetragen. Er würde, wenn sie ankamen, sofort damit beginnen. Zufrieden lehnte er sich in seinem Sitz zurück und bekam gerade noch mit, dass die Schere zusammenschnippte. Er grinste höhnisch.

Als er mit der Zubereitung des Pulvers fertig war, ging er an seine Zimmertür und lauschte. Draußen im Gang war alles still. Seine Kameraden schliefen. Bis zum Zimmer von Nelson und Samy war es nicht weit. Er öffnete seine Tür einen Spaltbreit und sah auf den schwach beleuchteten Gang hinaus. Niemand war zu sehen. Er schlich mit dem Pulver in einer Tasse hinaus und steuerte auf Nelsons Zimmer zu. Kurz vor der Tür begann er, den Boden mit Zauberzeichen zu bestreuen. Er benutzte das Pulver reichlich, bis die Tasse leer war. Dann eilte er in sein Zimmer zurück, wusch gründlich die Tasse aus und beseitigte alle Spuren im Zimmer. Dann legte er sich auf sein Bett; nun hieß es warten.

Der kleine Essa Sarr hatte die Nacht nicht gut geschlafen, sich früh fertig gemacht und war vor die Tür gegangen, um in der kühleren Morgenluft etwas durchzuatmen. Er bemerkte das grüne Pulver auf dem Boden des Ganges erst, als er schon mehrere Schritte hineingetreten war. Er erschrak und hüpfte eilig von dem Zeug hinunter auf eine freie Fläche. Dabei stieß er einen Schrei aus, den Nelson hörte und der ihn ebenfalls vor die Tür trieb. Direkt vor seinem Zimmer, auf dem Weg zum Frühstücksraum, waren mit einem grünen Pulver in unregelmäßigen Abständen sonderbare Zeichen auf den Boden gestreut worden. Die kleinen Schuhabdrücke von Essa Sarr, der entsetzt danebenstand, hatten sie teilweise zerstört.

Das ist bestimmt ein gegen mich gerichteter Schadenzauber, schoss es Nelson durch den Kopf. Als Übeltäter kam ihm sofort Seydou in den Sinn.

Essa hat alles früh genug entdeckt, und so bin ich glücklicherweise nicht hineingetreten, folgerte er.

Die Geschichte machte wie ein Lauffeuer die Runde. Alle vermuteten Seydou als Übeltäter, aber niemand beschuldigte ihn laut. Die Jungen waren zu feige, und außerdem gab es keine Beweise.

Als Essa einen Tag später an einem schweren Fieber erkrankte und mehrere Wochen bettlägerig wurde, war für die Jungen der Beweis erbracht, dass ein Schadenzauber im Spiel gewesen war.

Seydou schäumte vor Wut über seinen Misserfolg. Er konnte sie nicht einmal an Essa auslassen, der lag schließlich krank im Bett. Da half auch nicht, dass der Zauber seine Wirkung gezeigt hatte.

Die Geschichte erreichte auf Umwegen Sepp Sutter. In ihm kam der gleiche Verdacht auf wie in den Kindern. Die dauernden Aktionen gegen Nelson wurden langsam ungemütlich, aber er sah noch keine Möglichkeit durchzugreifen, damit ein für alle Mal Ruhe war. Er ließ den Vorfall auf sich beruhen.

Richies monatlicher Rapport über Nelson fiel stets ausnehmend gut aus. Jedes Mal konnte er von einer Steigerung dessen sportlicher Entwicklung berichten. Nicht ohne Hintersinn lobte er den Jungen, bevor er den Bericht dem Scheich vorlegen ließ.

Die Reaktion von Nelson verwunderte ihn und führte zu Fragen: »Was ist mit dir?«

»Nichts.«

»Belüg mich nicht, du bist anders als sonst.«

»Na gut, ich schäme mich.«

»Warum?«

»Ich bin immer noch in der Ausbildung, und meine Mutter arbeitet wie ein Pferd, um ohne meine Hilfe die Familie zu ernähren. Ich wollte ihr doch schon längst Geld schicken.«

»Du musst Geduld haben.«

»Für mich habe ich die. Obwohl die Berichte über mich immer positiv sind, hat sich nichts für meine Mutter geändert. Ich brauche nichts, aber für meine Mutter brauche ich endlich Geld.«

In Richies Kopf wuchs ein Gedanke: »Okay, du weißt, dass ich an dich glaube, ich werde dir einen Vorschuss geben.«

»Was soll das heißen?«

»Deine Mutter bekommt von mir in den nächsten 2 Wochen den Gegenwert von 10 Tausend Dollar.«

Nelson zuckte zusammen. »Das ist viel Geld.«

»Ich freue mich, dass du das erkennst.«

»Ich verspreche dir, es so bald als möglich zurückzuzahlen.«

»Ich habe genauso viel Geduld, wie ich von dir erwarte.«

In Nelsons Augen standen Tränen. »Ich werde dich nicht enttäuschen.«

Weitere Monate vergingen. Trainer und Betreuer arbeiteten hart mit den jungen Kickern, genauso wie die Lehrer in der Schule. Einige Spieler hatten mittlerweile ihren ersten Bartflaum bekommen, die Frisuren saßen wie bei den großen Vorbildern aus dem Profifußball.

Bei Nelson hatte ein Wachstumsschub eingesetzt. Er war inzwischen fast so groß wie Seydou, hatte aber seine Schnelligkeit und Beweglichkeit nicht verloren. Seine körperliche Stärke war nun ein zusätzliches Plus, das Seydou zu spüren bekam. Seydou griff entsprechend immer öfter zu unfairen Mitteln. Er gab einfach nicht nach, und Sutter verwarnte ihn ständig. Seydou zeigte keine Einsicht. Er war sich keiner Schuld bewusst. Er verteidigte doch nur sein Terrain.

Sepp Sutter erkannte dessen Gedankengänge, doch er ließ es immer noch bei Verwarnungen bewenden. Dies geschah nicht, weil er zu feige war. Mehrere Scouts hatten den Jungen aus einer Vielzahl von Aspiranten ausgewählt. Er musste es schaffen, Seydou mit normalen Mitteln hinzubiegen. Es ging um seine eigenen Fähigkeiten und seine Reputation. Er wollte den Jungen in den Griff bekommen, anstatt ihn auszumustern.

Sepp Sutter ergänzte bald seine Trainingsinhalte. Durch videobasierende Übungen trainierte er die Wahrnehmung der Spieler und lenkte ihre Aufmerksamkeit auf taktische Entscheidungsprozesse. Die hinzugekommene Körperlichkeit der Jungen nutzte er im Training zur Förderung des Durchsetzungsvermögens und forderte mehr Fähigkeit zur Mannschaftsführung. Dabei hatte Nelson wieder Vorteile, weil seine Kameraden ihn sowieso schon als ihren Anführer angenommen hatten. Das war bereits die halbe Miete. Nicht alle Jungs waren gleich reif für diese Schulungen. Nelson gehörte zu den Begabten. Schließlich kam der Tag, an dem der Trainer seinen Schützlingen klarmachen musste, dass er bald die Spreu vom Weizen trennen würde. Die besten von ihnen sollten künftig gegen Profis der B-Mannschaften trainieren, also einen Rang höher steigen. Die Geeigneten würde er in den nächsten Wochen in Sichtungsspielen aussuchen, erklärte er.

Das weckte Hoffnungen und förderte Träume, verursachte aber auch Ängste. Angst zu versagen und Zukunftsangst kamen auf.

Seydou besann sich wieder nur auf seine körperlichen Vorteile. Er gedachte sich seinen Platz unter den Ausgewählten mit Gewalt zu erkämpfen. Nelson war in seinen Gedanken dabei der Hauptgegner.

Ein Montag sollte zum Schicksalstag für die beiden jungen Rivalen werden. Sepp Sutter hatte ein weiteres Sichtungsspiel angesetzt und ließ die Mannschaften in gewohnter Formation auflaufen. Nelson zeigte recht bald, wer auch dieses Spiel wieder dominieren würde. Er durchkreuzte das Abwehrbemühen von Seydou das ein und andere Mal. Nur die herausragende Leistung des gegnerischen Torwarts verhinderte einen Treffer von Nelson.

Seydous Ärger wuchs zusehends, und er griff immer öfter auf Fouls zurück. Nur die deutlichen Verwarnungen des Trainers sorgten dafür, dass sie sich vorerst noch in Grenzen hielten.

In der Pause feuerte Sepp Sutter beide Mannschaften noch einmal an: »Ihr müsst jetzt alles geben, ich werde heute einige Entscheidungen treffen«, beschwor er sie.

Das hatte fatale Folgen, denn für Seydou bedeutete das Körpereinsatz bis zum Äußersten!

In der zweiten Hälfte kam es zum Eklat. Nelson hatte schon zwei gegnerische Reihen durchbrochen, nur noch Seydou konnte verhindern, dass er frei zum Torschuss kam. Nelson passierte auch ihn, und Seydou hatte keine Chance mehr, bei einer Abwehr den Ball zu treffen. Mit einem rüden Foul grätschte er ihm von hinten in die Beine.

Blutgrätsche! Nelson schrie auf und brach stöhnend zusammen. Er versuchte noch einmal kurz aufzustehen, doch dann blieb er wimmernd liegen. Aus seinem rechten Unterschenkel schauten vorn Knochenspitzen hervor, und auf dem Boden wuchs eine Blutlache.

Sepp Sutter war sofort neben ihm. Sein geschultes Auge erkannte, dass der Schaden immens war. Er diagnostizierte einen offenen Schienbeinbruch, vielleicht sogar auch noch einen Wadenbruch.

»Ruft den Arzt und die Sanitäter!«, schrie er zu seinen Assistenten hin. »Der Junge muss sofort auf die Krankenstation! Er muss hier weg, die Wunde ist offen, am schlimmsten wäre jetzt auch noch eine Infektion.«

Erst als die Rettung organisiert war, informierte er über sein Mobiltelefon Richie und Frank.

Bis die Gerufenen kamen, hatten Sutter und seine Männer den Verwundeten schon erstversorgt. Er lag auf einer beschichteten Thermodecke und war mit einer zweiten zugedeckt. Derweilen sprach Sutter beruhigende Worte zu ihm hin. Nelson schluchzte unter Schmerzen.

Seydou hatte sich in die hinterste Ecke verkrochen. Keiner kümmerte sich um ihn, und das war ihm gerade recht.

Dr. Chandler eilte mit seinem Instrumentenkoffer zu dem Verunfallten. Als er sah, wie Nelson fürs Erste versorgt war, lobte er: »Ihr habt alles richtig gemacht.« Seine Untersuchung bestätigte Sutters Vermutung. Er prüfte die peripheren Pulse, die Sensibilität am Fuß und die motorische Funktion der Fußmuskeln. Alles bestätigte den Erstbefund. »Bringt ihn sofort auf die Krankenstation. Zur weiteren Diagnostik muss man das Bein von der Seite und von vorn röntgen.«

Seinem Assistenten erklärte er: »Wir müssen darauf achten, dass auch die angrenzenden Gelenke erfasst werden. Möglicherweise sind sie auch verletzt. Ich konnte seinen Puls kaum noch ertasten und vermute Durchblutungsstörungen. Wir brauchen deshalb auch noch einen Ultraschall.«

»Eine Dopplersonographie«, erwiderte der Assistenzarzt und nickte.

»Machen Sie sich schon mal auf den Weg und lassen Sie alles vorbereiten. Ich folge mit dem Krankentransport. Auf jeden Fall werden wir operieren müssen. Die Knochen sind gesplittert und verschoben.«

»Was halten Sie davon, wenn ich auch noch eine Angiographie vorbereiten lasse? Sollte Ultraschall keinen klaren Befund bringen, erscheint mir ein Röntgen der Gefäße äußerst sinnvoll«, wandte sich der Assistenzarzt an seinen Chef.

»Das hätte ich nicht besser sagen können«, lobte ihn Chandler. Als die Sanitäter begannen, Nelson abzutransportieren, wandte sich Dr. Chandler noch einmal an Sepp Sutter, Richie und Frank: »Nun, meine Herren, jetzt muss ich mich sputen. Ich will nicht verhehlen, wir haben es mit einem ernsten Fall zu tun. Die Erstdiagnose haben Sie gehört. Ich werde Sie auf dem Laufenden halten. Eine Tibiafraktur ist sicher. Ich rechne aber auch sehr stark noch mit einem Wadenbeinbruch. Nach der Ausprägung der offenen Wunde ist der Schienbeinbruch in der Nähe des Sprunggelenks eingetreten. Das ist immer am wahrscheinlichsten, denn dort hat der Knochen den geringsten Durchmesser. Da der Unterschenkel sowohl am Knie- als auch am Sprunggelenk Bindung hat, könnten mit großer Wahrscheinlichkeit auch die beiden Gelenke betroffen sein. Wir werden sehen.«

Die drei Männer schauten ihn sorgenvoll an. Richie suchte als Erster nach Erklärungen: »Wie können nur schon Kinder solch schäbige Fouls begehen?«

»Wir treiben sie mit aller Macht dem Erwachsenenalter entgegen. Bei der angestrebten Profikarriere sind ihnen dann alle Mittel recht«, erklärte Sepp Sutter trocken. »Während meiner Trainerausbildung habe ich gehört, dass auch biologistische Erklärungen nicht von der Hand zu weisen sind: Die verstärkte Hormonausschüttung in der Pubertät und das erhöhte Testosteron bei Dreizehn- und Vierzehnjährigen kann eine erhebliche Rolle spielen für die Ausbildung der ungezügelten Aggressivität. Auf Seydou treffen die genannten Umstände jedenfalls zu.«

Sie konnten den Übeltäter nicht mal zur Rechenschaft ziehen. Er war unauffindbar verschwunden.

Die Untersuchung und anschließende Operation dauerte bis in den späten Nachmittag. Erst dann bat Dr. Chandler Sepp Sutter, Frank und Richie in sein Besprechungszimmer. Er brachte den Zustand von Nelson und alle Risiken und Gefahren auf den Punkt: »Vorab das Wichtigste, die Operation ist nach jetzigem Stand medizinisch gelungen. Normalerweise versucht man bei Kindern jede Fraktur konservativ ohne Operation zu behandeln. Das ging bei Nelson nicht. Knochenteile waren verschoben oder auch unvollständig gebrochen. Bei ihm konnte allerdings, wegen seinen noch bestehenden Wachstumsfugen, keine Marknagelosteosynthese angewendet werden. Ich musste mit einer sogenannten elastisch-stabilen intramedullären Nagelung stabilisieren und teilweise mit einem externen Fixateur arbeiten. Ich traf übrigens auch noch auf eine besondere Art des Wadenbeinbruchs. Die sogenannte Maisonneuvefraktur ist ein hoher isolierter Wadenbeinbruch, bei dem auch die Bandstrukturen zwischen Schien- und Wadenbein und die bindegewebige Membran um die beiden Knochen verletzt waren. Zudem war auch noch der Innenknöchel gebrochen.«

Keiner seiner drei Zuhörer stellte Fragen. Der Schwall der Fachbegriffe wurde von keinem von ihnen in seiner Bedeutung voll begriffen.

Dann fuhr der Doktor mit ruhiger Stimme fort: »Die offene Wunde war, wie Sie gesehen haben, an der vorderen Schienbeinkante sichtbar. Das ist die häufigste Stelle, denn dort sind die Knochen nur mit einem geringen Weichteilmantel umgeben. Es verbleibt nun ein erhöhtes Risiko der Wundinfektion. Über eine offene Wunde können am einfachsten Bakterien eintreten. Hier müssen wir besondere hygienische Vorsorge treffen.«

Das Wort Risiko lockte Frank, eine erste Frage zu stellen: »Können Sie uns sagen, lieber Doktor, worin nun die Hauptrisiken bestehen?«

»Ich bin nicht der liebe Gott.« Dr. Chandler guckte ernst. Die Risiken, die mir sofort einfallen, will ich jedoch gerne nennen: Bis die Schwellungen abgeklungen sind, wird das Bein in Gips ruhig gestellt. Das Ruhigstellen birgt die Gefahr einer Thrombose. Es kann sich ein Blutgerinnsel bilden und ein Blutgefäß verstopfen. Wir versuchen dem mit einer Thromboseprophylaxe zu begegnen. Weitere Risiken bergen der Verlauf des Heilungsprozesses und, wie schon gesagt, die Gefahr einer Infektion.«

»Wie lange wird das Ruhigstellen dauern?«, wollte Richie wissen.

»Das Bein kam zunächst in einen gespaltenen Gips. Ist die Schwellung abgeklungen, wird der Gips zirkuliert. Der Patient muss ihn dann erfahrungsgemäß noch für etwa 2 bis 4 Wochen tragen. Danach bekommt er einen Gehgips, vielleicht auch einen Sarmiento-Gips, mit dem er das Knie beugen kann. Den trägt er dann mindestens nochmals 4 Wochen.«

»Das sind viele Wochen der Ungewissheit«, sagte Richie voll Sorge. »Können Sie noch eine genauere Prognose abgeben?«

»Ich habe Ihnen gesagt, dass wir es bei Nelson auch mit Weichteilverletzungen zu tun haben. Brüche mit Weichteilverletzungen führen eher zu Komplikationen. Wir müssen Geduld haben. Die Heilung kann durchaus vollständig sein, dann wird das Bein wieder voll belastbar, und es kann sogar wieder Spitzensport betrieben werden. Dauer und Verlauf des Heilungsprozesses können jedoch höchst unterschiedlich ausfallen. Ersparen Sie mir hier also bitte eine Prognose.«

Diese Zusammenfassung des Arztes war wie ein Schlusswort. Sorge und Betroffenheit lagen in der Luft, als sich die anderen verabschiedeten.

Chandlers ärztliche Sorge war nicht geringer als ihre. Er hatte schon Pferde vor der Apotheke kotzen sehen!

Ein Gutes hatte Nelsons Unfall. Seydou war aus dem Spielbetrieb verschwunden. Offiziell wurde nicht darüber gesprochen, aber Verlautbarungen schossen wie Unkraut aus dem Boden: Der Kerl ist verrückt und unbeherrscht. Er gefährdet mit seiner Art alles, was wir investierten. Seine Fähigkeiten reichen hingegen nicht, ein Spiel für uns zu dominieren. Er gehört aus genannten Gründen nicht mehr zu unseren Hoffnungskickern. Mit der Ausbildung, die er neben dem Fußballspielen bekommen hat, ist er mehr als gut bedient. Mit ihr hat er immer noch bessere Chancen, als wäre er in seinem Heimatkaff geblieben. Seine Zeit bei uns ist vorbei.

Seydou war aus dem Elitekader abgeschoben worden. Aus der Szene erfuhr Richie später, dass er bei einem Zweitliga-Club in Griechenland gelandet war. Diese »Bestrafung« gab Richie keine Befriedigung. All seine Gedanken rankten sich um die Zukunft von Nelson. Er hatte schließlich sein Schicksal mit dessen Schicksal verknüpft. Er erkannte, dass sich seine Gefühle nicht nur berufsmäßig mit Nelson beschäftigten. Er fühlte sich dem Jungen mittlerweile auch ansonsten eng verbunden.

Der Gesundungsprozess nahm Monate in Anspruch. Rückschläge traten ein. Nelson verschwand sogar aus dem Interesse von Frank. Der Scheich fragte gar nicht mehr nach ihm. Der Junge selbst wurde immer unleidlicher. Ihn quälten Tatendrang und Langeweile. Richie blieb neben Dr. Chandler seine zweite Bezugsperson. Zunächst kümmerte er sich um die geistige Fortbildung des Jungen. Er übte mit ihm täglich mehrere Stunden die englische Sprache. Nelson verbiss sich, schon um sich abzulenken, in diese Tätigkeit. Bald antwortete er bei der Visite des Arztes mit vollständigen englischen Sätzen. Richie entdeckte an ihm daneben die Liebe zur Mathematik. Das war nie seine eigene Lieblingsdisziplin gewesen, doch nun gab er sich Mühe, Nelson auch darin zu schulen. Der nahm jede Übung dankend an und trainierte so hart wie bisher das Fußballspielen.

Ein erster Hoffnungsschimmer glomm auf, als Nelson einen Sarmiento-Gips bekam und sein lädiertes Bein im Knie wieder beweglich wurde. Von einem Physiotherapeuten ließ sich Richie schulen. Dann trainierte er den Jungen täglich, damit sein Bein nicht versteifte. Diesen ersten körperlichen Fortschritt meldete er Frank, der freute sich mit ihm, blieb aber skeptisch.

Nach weiteren 4 Wochen bekam Nelson einen Gehgips. Er ging mit Krücken und Richie als Begleitschutz geduldig den langen Gang in der

Krankenstation auf und ab. Es war ein erheblicher Erfolg, nicht mehr an einen Fleck gebunden zu sein, sondern andere Ziele ansteuern zu können.

Erneut vergingen 4 Wochen. Der Gips kam herunter, und es folgte eine gründliche Untersuchung durch Dr. Chandler. Der Doktor erklärte Nelson für medizinisch geheilt, wies allerdings auf die Notwendigkeit eines längeren Aufbautrainings hin. Das erwies sich als Herkulesaufgabe, die Nelson verbissen auf sich nahm.

Auf seine Bitte hin gab Dr. Chandler Richie die Einschätzung des Heilverlaufs auch schriftlich. Richie übernahm die Feststellungen nach langer Zeit wieder in einen Rapport an den Scheich. Von dort blieb die Resonanz allerdings sehr zurückhaltend. Das beflügelte ihn noch mehr, mit Nelson täglich bis zur völligen Erschöpfung an dessen Kräftigung zu arbeiten.

»Unter den jetzigen Lebensumständen musst du den Mut haben weiterzugehen, auch wenn du das Gefühl hast, dass dein Körper und deine Seele die Grenzen des Zumutbaren erreicht haben. Das gehört zu den Qualitäten eines Siegertypen«, spornte er Nelson an.

Sie erlebten Fortschritte, doch Richie gewann das Gefühl, dass bei Nelson die Unbeschwertheit von früher fort war. Er tauschte sich darüber mit Sepp Sutter und Dr. Chandler aus. Dr. Chandler plädierte für eine stärkere interdisziplinäre Zusammenarbeit von Sportpsychotherapie und Sportmedizin und benannte konkrete inhaltliche Kooperationsbereiche: »Der Junge ist körperlich gesund. Was ihn bremst, wieder wie früher zu sein, scheinen mir versteckte Ängste vor neuerlichen Unfällen sowie erlittene seelische Schäden zu sein, die es zu reparieren gilt.« Er verwies auf die Notwendigkeit, Geduld zu haben, und sprach von weiterem, größerem Zeitbedarf.

Die neue Hiobsbotschaft warf Richie in seinem Optimismus mächtig zurück. Es fiel ihm schwer, sich noch mal zusammenzureißen.

Nelson erzählte er nichts davon. Sein nächster Rapport hingegen beschönigte die Umstände nicht. Er umschrieb sie jedoch so positiv als möglich.

Längere Zeit ließ die übliche formale Bestätigung des Scheichs auf sich warten. Unruhe kam in Richie auf. Die wuchs während jedem Tag, an dem die Antwort ausblieb. Dann bat ihn Frank für den Nachmittag in sein Office. Zum Empfang lächelte der gequält. Er atmete einmal tief durch, dann begann er: »Richie, lass es mich kurz machen. Ich muss dir sagen, wir planen nicht mehr mit Nelson. Seine Genesungsversuche sprengen das von uns gesetzte Zeitfenster.«

Richie war sprachlos und wurde blass. Etwas schlug leck in ihm. Wie ein Benziner verlor er viel seiner Kraft.

Dann stammelte er fast tonlos: »Das sind also deine unbegrenzten Möglichkeiten. So sieht also eine Familie aus. Nein, das ist nur ein lose zusammengehäkelter Verbund. Lauter Luftmaschen.«

Schließlich gab er sich Mühe, seine Enttäuschung nicht überhandnehmen zu lassen. Keine Wutausbrüche, keine unflätigen Vorwürfe mehr, ganz cool, ganz Profi. Er versuchte es aber doch halbherzig mit einer Drohgebärde, die von vornherein zum Scheitern führen musste: »Eine Blutgrätsche ist im strafrechtlichen Sinne eine Körperverletzung, da die zulässige Härte im Spiel mit ihr erheblich überschritten wurde. Was sagst du zu einer Entschädigungsforderung?«

Frank stieß ein bitteres Lachen aus. »Richie, sei vernünftig. Seydou ist nicht volljährig. Bei ihm ist nichts zu holen. Außerdem ist in Katar die Herrscherfamilie das Gesetz. Du glaubst doch nicht wirklich, dass sie ihr Förderprogramm durch eine solch schmutzige Geschichte verunglimpfen lässt? Bleib bitte auf dem Boden der Realität.«

»Und wie ist die Realität nach deiner Meinung zu sehen?«

»Wir hatten doch schon verschiedene Möglichkeiten in Sandkastenspielen durchexerziert. Wenn der Junge heute nachhause zurückginge, hätte er viel fürs Leben gelernt und könnte sich bestens positionieren. Wir wären ihm dabei sogar behilflich, was meinst du dazu?«

»Aus der Fremde erfolglos zurückkommen ist in Afrika vor der Familie eine Schande. Das möchte ich Nelson ersparen. Schließlich trifft ihn keine Schuld an dem Unglück.«

»Richie, ich bin kein Drecksack, auch wenn ich manchmal meine, dass man mich dafür bezahlt. Aber werde bitte nicht sentimental, dazu ist unser Beruf zu hart.«

»Ich kann deinem Gedankengang schon nicht zustimmen, weil ich immer noch an Nelson glaube. Er braucht noch etwas Zeit, aber wenn er wieder völlig gesund ist, wird er wieder die Perle sein, die du auch einmal in ihm gesehen hast. Dr. Chandler hält ihn doch schon für gesund.«

»Ja, körperlich, aber er sieht durchaus noch Blockaden in seinem Kopf.«

»Dagegen sieht er Chancen durch die Behandlung eines Sportpsychologen.«

»Richie, trotzdem muss ich dir frank und frei sagen, hier wird Nelson keine Chancen mehr geboten bekommen. Der Scheich hat das entschieden, und das ist immer endgültig.«

»Dann lass uns gemeinsam überlegen, wo er sonst wiederaufgebaut werden könnte. Es gibt unter Profis in seinem jetzigen Zustand schon schlechtere Spieler als ihn.«

»Nun, wegen seiner Sprache würde sich Frankreich empfehlen. Dorthin haben wir auch gute Beziehungen.«

»Unter uns Spielerscouts wurde immer gesagt: Frankreich ist für Schwarze Scheiße.«

»Dieses Vorurteil gehört schon längst der Vergangenheit an. Heute zählt auch dort nur noch Erfolg. Wer Erfolg hat, wird geliebt.«

»Was hältst du dann von Paris?«

»Paris ist kein Platz für Nelson. Dort hat ein katarischer Eigentümer über 400 Millionen Euro in den Hauptstadtclub Paris Saint-Germain gepumpt. Da würdet ihr, schon wegen der Abstimmung innerhalb der Herrscherfamilie, nicht willkommen sein. Marseille könnte ich mir eher vorstellen. Das ist in Frankreich die zweite heimliche Hauptstadt im Fußball.«

»Denkst du an OM?«

»Selbstredend. Zu Olympique Marseille habe ich gute Kontakte und kann Nelson für ein Probetraining empfehlen. Auch die Suche nach einer Unterkunft für euch könnten wir noch von hier regeln. Richie, ich will mit dir sauber klarkommen. Ich weiß, dass dich keine Schuld an dem trifft, was passiert ist. Natürlich hast du auch noch immer die anderen vereinbarten Optionen.«

Richies Stimme klang versöhnlicher: »Ich erkenne dein Bemühen an, fair zu sein. Danke dafür, aber lass mir bitte Bedenkzeit bis morgen.«

»Dann also bis morgen. Aber überleg dir alle Möglichkeiten noch einmal gründlich. Wer heute den Kopf in den Sand steckt, knirscht morgen mit den Zähnen.«

In Richies Kopf überschlugen sich die Gedanken. Er hatte die eingetretene Situation nicht wahrhaben wollen, obwohl die negativen Anzeichen länger erkennbar gewesen waren. Das Desinteresse des Scheichs war nicht zu übersehen gewesen. Auch Frank hatte sich nach anfänglichem Bemühen um die Genesung des Jungen erkennbar zurückgezogen. Das galt auch für Sepp Sutter und Nelsons Kameraden. Der Trainer musste mit den restlichen Jungen weiterarbeiten und Erfolge vorweisen, da war ein sentimentaler Blick zurück nicht möglich. Die Kameraden hatten die Zeichen der Zeit schneller erkannt als Richie selbst. Als Nelson nicht mehr ihr Anführer sein konnte, waren sie zur Tagesordnung übergegangen und hatten sich neu sortiert. Die Welt dieser Kinder war schnelllebig und grausam, und sie selbst waren schon aus Selbsterhaltungstrieb Egoisten. Wenn Richie ehrlich war, hatte sich am Schluss neben ihm nur noch Dr. Chandler um Nelson gekümmert, der wiederum nur aus medizinischen Gründen. Die waren nun weggefallen. Nelson galt als gesund und stand mit Richie allein da. Fatal war, dass er Nelson nicht auf die Situation vorbereitet hatte. Er hatte ihn während der Genesung schonen wollen. Nun war ein Gespräch mit ihm überfällig. Er konnte nicht mehr drum herumreden.

Seine Beichte traf Nelson wie ein Keulenhieb. Was ihm gerade passierte, fühlte sich furchtbar an.

»Wofür habe ich so lange gelitten und gekämpft? Ich wünsche mir, ich wäre tot. Mit dieser Schande kann ich doch nicht leben.«

»Jetzt aber mal halblang, mein Junge. Die Welt geht doch nicht unter. Sie ist wert, weiter in ihr zu leben.«

»Was soll ich denn tun? Glaubst du wenigstens noch an mich?«

»Diese Fragen gehen endlich in die richtige Richtung. Natürlich glaube ich noch an dich. Auch Frank will helfen, dass es weitergeht. Wir denken an ein Probetraining in Frankreich. Wir haben beste Kontakte nach Marseille, zu Olympique Marseille. Dort wuchs auch der große Zinédine Zidane auf. In der zweitgrößten Stadt Frankreichs Profi zu werden, wäre doch was, oder nicht?«

Nelson ging nicht sofort darauf ein, doch Richie sah ihm an, dass er nicht abgeneigt war. Er glaubte förmlich zu hören, wie der Junge nachdachte.

Dann äußerte sich Nelson, und seine Frage zeigte seine größten Ängste: »Muss ich allein dorthin, oder kommst du mit?«

Richie war trotz allem erleichtert, wie einfach es gewesen war, Nelson auf den neuen Weg zu führen. »Natürlich komme ich mit«, antwortete er mit einem Lächeln. »Ich habe ja sogar die Bestätigung deiner Mutter, dass ich dein Vormund bin. Es gibt also keinen Hinderungsgrund.«

»Okay, das nimmt mir die Angst, mit dir zusammen kann ich das schaffen.«

»Halte bitte an diesem Glauben fest. Ich möchte allerdings, dass wir nichts übereilen. Ich habe mehr Geduld mit dir, als sie der Scheich zeigte. Wir werden in Marseille noch eine längere Zeit dein Aufbautraining fortsetzen. Ich möchte auch einen Sportpsychologen hinzuziehen. Du bist körperlich gesund, aber da ist eine Blockade in deinem Kopf. Du kennst meinen Spruch: *Vieles spielt sich im Kopf ab!* Wenn die Behandlung Erfolg hat, werden wir es bei Olympique versuchen.«

Nelson nickte. Er hatte erkannt, dass ihm Richie eine neue Chance anbot, und war dankbar dafür.

Die Vereinbarungen mit Frank wurden am nächsten Tag getroffen. Auch er fand es gut, dass Richie mit dem Probetraining noch warten wollte. Beiden schien jedoch ein sofortiger Tapetenwechsel nach Marseille notwendig. Nelson brauchte auch vom Umfeld her einen Neuanfang.

»Bei deiner zeitlichen Planung scheint es sinnvoll, dass ihr euch eine kleine Wohnung nehmt«, meinte er und versprach, sich um ein möbliertes Apartment zu bemühen.

»Wir werden uns auch nach einem vernünftigen Sportpsychologen umhören«, versicherte er. »Natürlich läuft auch Nelsons Versicherung weiter.«

Richie nickte dankbar. »Dann habe ich nur noch eine Bitte: Kann Nelson seine Ausrüstung mitnehmen? Es ist wichtig, dass er in Marseille auch optisch einen guten Eindruck macht.«

»Ich werde veranlassen, dass er von allem noch ein Doppel bekommt. Das ist kein Problem.«

»Danke. Ich hoffe, dass ich nicht doch noch auf die anderen Optionen zurückgreifen muss«, sagte Richie.

»Das wünsche ich dir, aber sie bleiben als Sicherheitsgurt für dich bestehen.«

»Dann werden wir uns hier in Katar voraussichtlich nicht mehr wiedersehen, hoffentlich aber noch mal woanders. Vielleicht treibt dich das Heimweh nach Deutschland zurück. Es wäre schön, wenn wir uns nicht aus den Augen verlören.«

Frank lächelte und fragte: »Wann bist du eigentlich das letzte Mal in Marseille gewesen?«

Richie musste einen Moment überlegen. »Das ist schon sehr lange her, ich schätze mehr als 15 Jahre.«

»Dann wirst du dich wundern. Die Stadt hat sich extrem verändert. 7 Milliarden Euro wurden in den vergangenen Jahren dort verbaut. Wenn man früher von Marseille sprach, dachte man an Bouillabaisse und Olympique. Heute sind viele schmuddelige Ecken abgerissen und haben schmucken Vierteln Platz gemacht. Stararchitekten wie der Brite Sir Norman Foster haben sich dort verewigt. Die Marseiller haben erkannt, dass spektakuläre Gebäude echte Leuchttürme sein können. Du wirst staunen.«

»Du machst mich neugierig. Vielleicht hat der Umzug ja auch für mich etwas Gutes.«

»Ihr werdet übrigens ohne Probleme nach Marseille kommen. Fast jeden Tag geht ein Direktflug der Air France. Auch das lasse ich für dich und Nelson arrangieren. Du sollst dir mit solchen Nebensachen keinen Kopf machen müssen.«

Richies Grundstimmung hatte sich sehr verbessert, als er Frank verließ.

Ich bin doch ein unverbesserlicher Optimist, munterte er sich zusätzlich auf.

Die von Frank übernommenen Aufgaben waren schnell erledigt. Sie kamen noch einmal zusammen, um alles Notwendige zu besprechen. »Wir haben für euch eine prima Wohnung gefunden. Sie liegt in einem Haus in der Rue Neuve-Sainte-Catherine. Die Straße ist nur wenige Schritte von der Abtei Saint-Victor entfernt. Von dort aus kann man den alten Hafen überblicken. Dahinter liegt der Glockenturm von Les Accoules. Das Haus gehört einer alten Witwe. Sie wohnt in der oberen Etage, hat sich von den Räumlichkeiten her verkleinert, als der Mann verstarb und die Kinder ausgeflogen sind. Ihr habt unten drei Räume, Küche und Bad. Die Räume sollen recht gemütlich möbliert sein, und der Preis für alles ist 12oo Euro im Monat. Sonst nimmt sie nur 1000 Euro, aber wegen des von vornherein kurzen Mietverhältnisses möchte sie 200 Euro mehr, das erscheint mir akzeptabel.«

»Das hört sich gut an«, antwortete Richie.

Frank fuhr fort: »Es gibt unten am Hafen auch 2 renommierte Sportpsychologen. Ihre Adressen habe ich dir aufgeschrieben. In der Nähe ist auch ein Sportcenter. Dort habt ihr einen Fußballplatz, Krafträume und eine Aschenbahn. So viel zur Fortsetzung des Aufbautrainings.«

»Da hast du mehr für uns getan, als versprochen war. Ich kann mich auf dich verlassen.«

»Danke für die Blumen. Dann müssen wir nur noch euren Abflug regeln. Du bestimmst den Tag, und meine Sekretärin wird sich um die Tickets kümmern sowie um den Transport zum Flughafen. Du weißt, ich halte nicht viel von Abschiedsriten und Abschied auf Raten. Ich werde euch also nicht zum Flughafen begleiten. Mach die Einzelheiten mit meiner Sekretärin aus.«

Das zweite Abschiednehmen verlief dann kurz. Dieses Mal reichte es nur zu einer linkischen Umarmung.

Richie setzte noch 4 Tage für die Abwicklung aller Angelegenheiten in Doha an und bat die Sekretärin, Flüge für den fünften Tag zu buchen.

Danach ging er in sein Zimmer, um einiges Wissenswerte für die Reise zu googeln: Die Temperaturen im Mai lagen in Marseille zwischen 12 und 22°C. Die Flugstrecke betrug 4638 Kilometer, die Flugzeit bei einem Direktflug 6 Stunden 16 Minuten. Die Zeitverschiebung war nur eine Stunde. Die Umgewöhnung sollte also unproblematisch sein.

Marseille, Stadt des Durchbruchs für Nelson?

Der Transport zum Flughafen war bestens organisiert. Ihr überschaubares Gepäck wurde von hilfreichen Händen eingecheckt.

Nelson versuchte die Aufregung vor dem zweiten Flug seines Lebens zu überspielen. Das gelang ihm nicht ganz. Er wurde erst ruhiger, als er neben Richie Platz genommen hatte und sie in der Luft waren. Die Flugbegleiterin erfüllte ihm während des Fluges manchen Extrawunsch.

Sie landeten pünktlich auf dem Flughafen von Marseille. Das Flughafengebäude war lange nicht so beeindruckend wie das von Doha, aber immer noch schöner als das von Douala. Nelson registrierte alles Neue mit wachen Augen. Es freute ihn besonders, dass die meisten Leute, die er um sich herum hörte, Französisch sprachen. Der Himmel empfing sie in reinem Blau. Willkommen im Herzen der Provence!

Richie hatte feste Vorstellungen, wie es weitergehen sollte. Nelson musste sich schnell an ein anderes Leben gewöhnen. Hier würde ihm nicht wie in Doha alle Arbeit abgenommen. Er beschloss deshalb, trotz ihres Gepäcks mit dem Shuttlebus vom Flughafen zum Bahnhof Saint-Charles in Marseille zu fahren und erst dort ein Taxi zur Wohnung zu nehmen. Keine Schwierigkeit auslassen, war seine neue Devise.

Die fremden Eindrücke nahmen den Jungen in Bann. Einige Palmen auf dem Weg boten ihm wenigstens eine kleine Erinnerung an Doha und zuhause. Das meiste war allerdings ungewohnt.

Der Kopfbahnhof mit Glasdach war der wichtigste Bahnhof im Großraum Marseille. Er lag auf einer kleinen Anhöhe über der Stadt. Eine pompöse Steintreppe führte hinab Richtung Meer. Sie war unterteilt durch eine Reihe mächtiger Lampen aus grün gestrichenem Gusseisen. Ihre Arme mit weißen Glasampeln und darüber als Kopf größeren Kugellampen wirkten sehr elegant. Am oberen Ende der Treppe, auf der Terrasse, konnte man einen herrlichen Blick auf die Stadt genießen. Auf einem Kalkfelsen erhob sich die Wallfahrtskirche Notre-Dame de la Garde, die fast von überall in Marseille zu sehen war und als ihr Wahrzeichen galt.

Richie war schon einmal dort gewesen, um der Bonne Mère, wie die Marseiller die Madonna liebevoll nannten, eine Kerze zu opfern. Man sah auf ein Meer von Dächern und grau-weiße Hochhausriegel sowie bläulich grün schimmernde Hügel, die von der Provence bis hinunter in die Bucht verliefen. Davor leuchtete in Blau das Mittelmeer.

Richie war genauso fasziniert wie sein junger Begleiter. Auf der Rückseite der Terrasse spie das Bahnhofsgebäude unablässig Menschen aus. Richie achtete auch hier auf die Veränderungen, von denen Frank gesprochen hatte. Und wirklich, die schöne Fassade des Bahnhofs war neu sandgestrahlt. Sie wirkte viel heller als in seiner Erinnerung.

Sie nahmen ein Taxi, und Richie nannte dem Fahrer ihre Adresse: Rue Neuve Sainte Catherine 24.

»Die läuft parallel zur Uferpromenade«, erklärte der Fahrer spontan.

Die Fahrt führte sie ständig bergab, bis der Wagen in eine waagrecht zum Meer verlaufende Straße bog. Als der Chauffeur nach den Hausnummern schaute, wusste Richie, dass sie am Ziel waren. Der Wagen hielt vor einem hellgelben zweigeschossigen Haus, das oben vor dem Fenster sogar einen kleinen Balkon hatte. Aus einem Fenster im Nebenhaus drangen Fetzen einer Akkordeonmelodie. Vive la France, dachte Richie belustigt.

Vor dem Haus waren einige Parkplätze abgeteilt, doch die waren besetzt, wie fast überall in der Straße.

Richie fragte sich deshalb, ob er nicht besser während ihrer Zeit in Marseille auf einen Wagen verzichten und die öffentlichen Verkehrsmittel benutzen sollte. Die Entscheidung darüber schob er auf. Er wollte erst mehr über das städtische Verkehrsnetz in Erfahrung bringen.

Nach dem Drücken auf den Klingelknopf öffnete sich die Haustür recht schnell. Die Ankömmlinge standen vor einer zierlichen alten Dame mit rundem Rücken, weißen Haaren und Kittelkleid, die sie begutachtete.

Richie stellte sich und Nelson als die neuen Mieter vor. Sie schienen die Gesichtskontrolle der alten Frau bestanden zu haben, denn sie lächelte freundlich und sagte: »Willkommen, mein Name ist Michelle Baroux, Sie können Madame Michelle zu mir sagen.«

Von wegen Frankreich ist Scheiße für Schwarze, Madame Michelle nahm Nelson als Mitbewohner sehr freundlich auf. Aus dem Treppenhaus zog ihnen ein leichter Knoblauchduft entgegen. Madame hatte wohl gekocht.

Richie mochte den Geruch. Er erinnerte ihn daran, dass auch sie etwas zwischen die Zähne bekommen mussten.

Dann schloss die Vermieterin die Wohnung auf. Man sah sofort, dass sie alles besonders hergerichtet hatte. Sogar ein kleines Blumensträußchen stand auf dem Wohnzimmertisch. Es gab zwei gute Schlafzimmer. Alles war altmodisch, aber gemütlich und sauber.

Es kam bei Madame Michelle gut an, dass Richie die Wohnung lobte. Sie gab ihm 2 Schlüssel, für ihn und für Nelson, und bat sie für einen Willkommensschluck zu sich hinauf. Da konnten sie nicht Nein sagen.

Richie wählte wie Madame ein Glas Rotwein, Nelson bekam eine kalte Limonade aus dem Kühlschrank.

»Selbst gemacht aus frischen Zitronen und Zucker«, sagte sie, als sie sein Glas füllte.

Zunächst fragte sie ihnen ein Loch in den Bauch. Hauptsächlich Richie gab die Antworten.

Dass Nelson Fußballspieler war, gefiel Madame Michelle sehr, sie war ein großer Fan von »OM«.

Als sie nicht aufhören wollte, auch noch von sich zu erzählen, suchte Richie einen Grund, das Gespräch zu beenden. Er verwies darauf, dass sie Hunger hätten, und verband das charmant mit der Einladung, doch mitzukommen.

Das erinnerte ihre Wirtin daran, dass ihr Essen in der Küche vor sich hin köchelte. Sie lehnte deshalb geschmeichelt ab und gab die beiden frei. »Wir werden uns ja jetzt öfter sehen.«

Ohne auszupacken, machten sie sich auf den Weg, die nähere Umgebung nach einem Bistro zu erkunden. Madame Michelle hatte ihnen geraten, sich Richtung Abtei Saint-Victor zu orientieren, die nur wenige Schritte entfernt sein sollte. Dort würden sie bestimmt etwas finden. Am Fuße dieses Bollwerks mit seinen Türmen, Zinnen und langen schmalen Schießschartenfenstern fanden sie mit dem Café de l'Abbaye eine Bar mit Retroambiente. Sie war genau das Richtige.

An einem runden Tisch auf dem Bürgersteig nahmen sie Platz und warteten geduldig, bis ihnen der Patron die heutigen Speisen vorgetragen hatte.

Richie folgte nostalgischen Gelüsten und wählte eine Bouillabaisse. Nelson bekam Lamm mit Ratatouille. Sie aßen beide mit Genuss und fühlten sich angekommen.

Als sie weitergingen, wurde Richie klar, dass sie in einer Art Künstlergegend flanierten. Sie sahen Deko- und Designartikel in der Auslage eines Concept Stores namens Labo und besondere Mode unter dem Modelable Cozete. Nelson hatte so etwas noch nie gesehen.

Danach machten sie einige Besorgungen: Getränke und etwas zum Beißen fürs Abendbrot. Dann ließen sie den Tag mit Auspacken ausklingen.

Richie wählte das Schlafzimmer nach hinten raus. Als der Ältere hatte er den unruhigeren Schlaf.

Er hatte sich schon länger überlegt, wie die verlängerte Aufbauphase für Nelson ablaufen sollte. Sie durfte nicht zur Erholungsphase werden. Sie brauchte eine strenge Struktur und Zeiteinteilung. Der Junge war nicht gewohnt, seine Tage selbst zu planen. Richie dachte an feste Zeiten fürs Aufstehen und Schlafengehen, geordnete Essenszeiten, festgelegte Termine für den Besuch des Therapeuten und an einen täglich gleichen Umfang von Trainingsstunden. Nelson musste Eigenverantwortung erlernen. Sein künftiges Leben würde nicht so behütet sein wie in Katar. Richie hatte sich vorgenommen, ihm einen Geldbetrag in die Hände zu geben, damit er auch mit Geld umzugehen lernte.

All diese Dinge besprach er mit ihm am nächsten Morgen nach dem

Frühstück. Er merkte, dass vieles für Nelson vage und unverständlich blieb, zumindest das Warum. Aber dem Jungen wurde klar, dass er, ähnlich wie zuhause, wieder mehr Verantwortung übernehmen musste. Richie erkannte während der Aussprache, welch große Rolle er selbst für den Jungen spielte. Nelson setzte auf ihn und vertraute ihm.

»Heute werden wir zunächst die Sportanlagen ausfindig machen und die Adressen der Sportpsychologen abklappern«, kündete Richie an. Dann gab er Nelson 50 Euro und erklärte, was er von ihm erwartete. »Das ist Taschengeld für dich. Geh sparsam damit um. Du musst über deine Ausgaben Rechenschaft ablegen.«

Nelson nickte. Ihm war jedoch ein anderes Thema wichtiger: »Ich will Kontakt zu meiner Mutter aufnehmen und ihr berichten, was sich in meinem Leben verändert hat.« Er hatte auch einen Vorschlag, wie das ablaufen konnte: »Samuel Bastos führt den Supermarkt in unserem Viertel. Nur er besitzt ein Telefon. Es ist üblich, dass seine Nachbarn bei ihm angerufen werden können. Man muss das Gespräch anmelden und dann zur verabredeten Zeit noch mal anrufen.«

Richie versprach, einen solchen Anruf für Nelson zu arrangieren.

»Es ist bestimmt gut, wenn ich auch mit deiner Mutter spreche und ihr die Umstände erkläre«, meinte er.

Als sie die Wohnung verließen, arbeitete Madame Michelle im Treppenhaus. »Hallo, mes amis, haben sie gut geschlafen? Sie habt einen schönen Tag erwischt, um etwas zu erledigen.«

Richie bestätigte, dass alles bestens sei, und nutzte die Gelegenheit, sie nach dem Weg zur nächsten Sportanlage zu fragen. Sie erklärte ihn weitschweifig, aber verständlich. Richie wollte nicht noch mehr Zeit mit einem längeren Schwatz verlieren, bedankte sich, und sie verließen das Haus.

»Wir gehen erst runter zum alten Hafen und suchen den Psychotherapeuten für dich. Wir werden heute keinen Termin bekommen, können uns aber einen für die nächsten Tage holen. Ich werde erst einmal allein mit dem Doktor sprechen, um ihm deine Geschichte darzulegen. Er muss wissen, worum es geht.«

Auf der Rue Robert, die hinab zum Meer führte, einigten sie sich auf die Regeln ihres Tagesablaufs: 7:30 Uhr aufstehen und frühstücken, dann kam ein Zeitfenster für die Visite beim Psychotherapeuten, anschließend Freizeit bis zum Mittagessen um 14 Uhr. Danach begann ein Trainingsprogramm von mindestens drei Stunden mit nachfolgender Freizeit.

Richie legte Wert darauf, dass Nelson über den Tag hin mehrere Blöcke Freizeit zur eigenen Gestaltung hatte. Vor dem Abendessen gegen 19 Uhr plante er einen gemeinsamen Dauerlauf ein. Richie würde es guttun, seinen Körper auch wieder etwas auszuarbeiten, und Nelson sollte erfahren, wie sehr er mitzog.

Das Schlafengehen wurde auf 22 Uhr abends festgesetzt. »Wir müssen natürlich flexibel bleiben«, beschloss er seine Vorgaben. »Notwendige zeitliche Verschiebungen sind immer möglich.«

Sie stießen am Hafen auf die breite Straße Quai de Rive Neuve. Nelson war begeistert von den vielen Segelyachten, die auf der anderen Straßenseite im Hafenbecken dümpelten. Ihre Masten ragten empor wie Seeigelstacheln. Richie erkannte, wie recht Frank gehabt hatte, es war auch hier alles viel sauberer und schöner geworden. Die Autobahn, die früher durch die Stadt verlief, hatte man unter die Erde gelegt, und sie war einer begrünten Uferpromenade gewichen.

Sie fanden das Haus, in dem Dr. Dominique Jamot seine Praxis hatte, ohne Mühe und fuhren mit dem Lift bis zur zweiten Etage. Richie hatte richtig vermutet, der Therapeut war heute nicht zu sprechen. Aber am Empfang gab man ihm einen Besprechungstermin für den nächsten Tag um 14:30 Uhr. Nachdem sie so schnell einen Therapeuten gefunden hatten, überraschte Richie seinen Schützling mit dem Vorschlag, die Hafengegend zu erkunden. Er war sich bewusst, dass er damit von der gerade erst beschlossenen Tagesplanung abwich, aber in den ersten Tagen, bis sie richtig Fuß gefasst hatten, wollte er auch einmal fünf gerade sein lassen.

Sie gingen den Quai eine ganze Weile entlang, bevor sie den Quai des Belges – Quai de la Fraternité erreichten und unter der Spiegeldachkonstruktion »Ombrière« des berühmten Stararchitekten Norman Foster flanierten. Die Konstruktion war ein wirkliches Highlight und glänzte im Sonnenlicht. Viele beeindruckende Gebäude waren auf dem Weg zu sehen, wie zum Beispiel der gläserne Büroturm der Reederei CMA CGM. Sie kamen vorbei an der Festung Saint-Jean mit ihren mächtigen Mauern und Türmen. Deren Kanonen schützten einst den gesamten Hafen. Auf den Mauern waren inzwischen Gärten angelegt. Von dort gingen die beiden über eine Stahlbrücke bis zum Museum MuCEM, das auf Höhe des Boulevards du Littoral lag. Das Museum, das sich den Zivilisationen im Mittelmeer widmete, und das danebenliegende Kulturzentrum Villa Méditerranée waren die zwei spektakulärsten Gebäude des Hafengebiets.

All das war auch für Richie neu. Das Museum war ein Glaskubus, über den eine durchlöcherte Betonhülle verbaut war, die an ein Fischernetz erinnerte.

Die Villa hatte Ähnlichkeit mit einem übergroßen Sprungbrett. Überall herrschte Betrieb und Lebensfreude.

Richie fragte einen Passanten nach einem guten Restaurant. Der empfahl das Restaurant des Museums als Geheimtipp. »Dort oben auf dem Dach haben Sie auch einen herrlichen Ausblick.«

Das Restaurant wurde seinem Ruf gerecht.

Zufrieden und erschöpft machten sie sich nach dem Essen auf den Rückweg. Richie hatte einen Kaffee ausgespart, er wollte ihn irgendwo in einem kleinen Café zu sich nehmen.

»Ich könnte jetzt einen Kaffee gebrauchen«, erklärte er schon bald. Im selben Moment passierten sie eine Starbucks-Filiale. Richies Gesicht verdüsterte sich. Er hasste diese Läden, in denen es für einen normalen Kaffee keinen Namen gab.

Auch die künstlichen Becher mochte er nicht, sie signalisierten weder Gemütlichkeit noch Entspannung, nur Umweltverschmutzung.

»Hier trinke ich keinen«, sagte er bestimmt.

Wenig später fanden sie ein Straßencafé, das ihm behagte.

Auf dem Rückweg zur Wohnung machten sie Station in der Sportanlage, die sie nach der Beschreibung von Madame Michelle sofort fanden. Sie inspizierten die Trainingsmöglichkeiten und Richie zeigte sich zufrieden.

Die Verwaltung hatte noch geöffnet, und so meldete er sich selbst und Nelson an. Er hatte beschlossen, nicht nur Nelson in ein Trainingsprogramm einzuführen, sondern die Angebote tagsüber auch selbst zu nutzen, um seine Fitness zu verbessern.

Die Festlegungen zu ihrem Tagesablauf erwiesen sich als gut. Der Platzwart erzählte nämlich, dass mehrmals die Woche nachmittags eine Schülerauswahl zum Fußballtraining komme. Er machte sich stark dafür, dass Nelson da mitmachen durfte. Richie war erleichtert, dass sein Schützling nicht nur allein mit dem Ball trainieren musste. Einzelhaltung ist nicht artgerecht, dachte er und musste über den schrägen Gedanken schmunzeln.

Am nächsten Tag musste er die festgelegte Tagesplanung erneut über den Haufen werfen. Seine Visite bei dem Therapeuten begann ja erst um 14:30 Uhr. Also ging er am Vormittag mit Nelson in das Trainingscenter, um einen Trainingsplan aufzustellen.

Der Lehrplan von Sepp Sutter hatte schwerpunktmäßig auf Fußballspielen und Spielfreude abgestellt, und daran wollte er nichts ändern. Einige zusätzliche Elemente schienen ihm jedoch inzwischen geboten. Dazu gehörten: gezielte Steigerung der Ausdauer, der Geschwindigkeit, der Beweglichkeit und der Kraft.

Im Geräteraum gingen sie die einzelnen Maschinen durch. Richie zeigte dem Jungen Übungen, die Kraft und Beweglichkeit förderten.

Er kreuzte auf einem Formular die Geräte an, die Nelson benutzen sollte, und vermerkte die durchzuführende Anzahl der Übungen.

Als alles eingetragen war, führte er die Übungen vor und ließ sie Nelson nachmachen. Als sie mit den Geräten durch waren, gingen sie hinaus auf die Aschenbahn.

Richie zeigte Nelson die Markierungen für einen 100-Meter-Sprint und verordnete pro Tag 10 davon. Um Ausdauer zu gewinnen, sollte er pro Tag auch noch eine 4000-Meter-Strecke laufen. Das vermerkte er ebenfalls auf dem Trainingsplan. Er machte Nelson deutlich, dass der Schwerpunkt des Trainings nach wie vor auf Fußballspielen liegen sollte. »Du musst möglichst schnell Anschluss an das Mannschaftstraining finden und dich dort in der Gruppe beweisen«, erklärte er. »An Tagen, an denen die Mannschaft nicht spielt, kannst du Einzelaktionen wie Eckstoß, Torschuss, schnelles Dribbeln mit dem Ball oder Strafstoß üben. Mach's wie in Douala, übe alles, was dir für ein Einzeltraining geeignet erscheint. Verlass dich auf deinen Instinkt. Ich werde dich jetzt allein lassen und zum Gespräch mit dem Therapeuten gehen. Danach möchte ich versuchen, für heute Abend ein Telefongespräch mit deiner Mutter zustande zu bringen. Drück mir die Daumen, dass dies gelingt. Wenn du mit allen Trainingseinheiten fertig bist, nimm dir eine Freizeit. Wir werden heute später essen. Wenn du vor Hunger nicht warten kannst, mach dir ein Brot. Auf jeden Fall sollst du trinken, das ist wichtig, wenn man sich anstrengt.«

Nelson rollte wegen der vielen Anweisungen die Augen. Richie bemerkte das gar nicht, er klatschte Nelson ab und verließ die Anlage.

Das vorgesehene Telefongespräch lag Richie schwer im Magen. Er überlegte schon seit Längerem, wie er die Mutter wahrheitsgemäß informieren könnte, ohne sie zu beunruhigen. Von Nelson wollte er verlangen, dass er sich im Gespräch mit der Mutter entsprechend verhielt. Auf dem Weg zum Therapeuten dachte er weiter darüber nach.

In der Praxis musste er nicht lange warten. Dr. Dominique Jamot war ihm auf den ersten Blick sympathisch. Der Mann war sportlich und braungebrannt, er sah ihn mit wachen Augen an. Richie fasste sofort Vertrauen und schilderte das Dilemma von Nelson so genau wie möglich. Er endete mit dem Satz: »Manchmal scheint mir bei dem Jungen mehr als eine Blockade zu existieren. Er wirkt dann völlig lustlos und schlapp. Es ist, als hätte ihm jemand den Stecker rausgezogen – power cut.«

Der Therapeut nickte verstehend. »Ich glaube, ich bin jetzt im Bilde. Ich danke Ihnen für Ihre Gründlichkeit. Man merkt, dass Ihnen der Junge am Herzen liegt. Nun hilft nur noch eins: Ich muss an seine inneren Defekte herankommen. Meinethalben können wir bereits morgen beginnen, morgen gegen zehn Uhr?«

Das war Richie recht.

Mit einem Anruf zu dem Laden in New Bell durchzukommen, erwies sich als viel schwieriger als das Gespräch in der Praxis. Richie musste dafür all seine Geduld aufbringen. Schließlich gelang es ihm, mit dem

Ladenbesitzer zu sprechen, und sie vereinbarten ein weiteres Telefonat gegen 20 Uhr Ortszeit Douala. Der Händler versprach, Nelsons Mutter zu informieren. Sie würde dann im Geschäft sein.

Nelson absolvierte sein Trainingsprogramm gewissenhaft. Die körperliche Anstrengung tat ihm gut. Nach der kalten Dusche hinterher fühlte er sich wie neu. Er beeilte sich mit dem Ankleiden. Er wollte die Zeit nutzen, allein durch die Stadt zu stöbern. Das hatte er in Katar nicht gedurft, und seine Ausflüge in Douala waren meist auch nur auf sein Viertel begrenzt gewesen.

In Erwartung der vielen Neuigkeiten kam gar kein Hunger auf. Er war aufgeregt und neugierig, beschloss jedoch, sich fürs Erste nicht zu weit von der Wohnung zu entfernen. Er hatte Angst, den Rückweg nicht zu finden. Alles war so weitläufig und fremd.

Plötzlich stand er irgendwie in der schmalen Rue de l'Éveche. Er sah Mietskasernen aus Beton, Telefonshops, arabische Gemüseläden. Dann staunte er vor renovierten Stadtpalais aus dem neunzehnten Jahrhundert, kleinen Cafés, Boutiquen, einer Galerie mit einer Spinne über dem Eingang, deren Körper aus zwei alten Militärhelmen zusammengeschweißt war. Das alles war unheimlich spannend für ihn.

Es beruhigte ihn, dass alle Straßen, die er kreuzte, runter zum Meer liefen. Dort würde es ihm leichtfallen, sich wieder nachhause zu orientieren.

Plötzlich fiel sein Augenmerk auf eine junge Farbige, die etwa in seinem Alter war. Er fand sie hinreißend. Er musste sie unentwegt anstarren.

Als sie das bemerkte, fragte sie kess: »Was machst du denn? Ist das 'ne Kurveninspektion von Busen und Po?«

Nelson reagierte verlegen. Röte schoss in sein Gesicht.

Sie lachte, zog ihre Ballerinas von den Füßen und trug sie in der Hand.

Sie hat schöne Füße, dachte Nelson träumerisch.

»Bist du neu hier?«, wollte das Mädchen wissen.

Stockend gab er Antwort: »Ja, ich bin erst seit einigen Tagen in Marseille. Ich bin mit einem Freund hier und möchte Profifußballspieler werden.«

Interesse flackerte in ihren großen dunklen Augen auf.

»Hier gibt es nur einen Verein, der dafür infrage kommt, und das ist Olympique«, antwortete sie fachmännisch. »Glaubst du wirklich, dazu das Zeug zu haben?«

»Bestimmt, Fußballspielen kann ich«, antwortete Nelson im Brustton der Überzeugung. Seit Langem glaubte er mal wieder an sich.

»Und wie willst du das anstellen?«

»Nun, ich hatte einen Unfall. Deshalb mache ich im Sportzentrum Saint-Hugo zunächst ein Aufbautraining. Danach ist ein Probetraining bei Olympique vorgesehen.«

Die Kleine schaute ihn beeindruckt an. »Kann ich dir beim Probetraining mal zuschauen?«

»Ich werde ab morgen dort jeden Tag nachmittags trainieren. Komm doch vorbei, ich würde mich freuen.«

Dass er sie interessierte, ermutigte ihn.

»Wie heißt du?«, wollte sie wissen.

»Nelson, und du?«

»Saihou«, bekam er zu hören, und das klang wie Musik. Doch es blieb ihm nicht viel Zeit, das zu genießen.

»Also bis bald!«, rief sie ihm zu. »Ich weiß allerdings nicht, wann ich komme. Du wirst es ja sehen.«

Dann hüpfte sie barfuß davon und ließ einen verwirrten Jungen zurück.

In seinem Zustand gestaltete sich der Rückweg zur Wohnung schwieriger als gedacht.

Am Abend kam die Verbindung nach Douala schneller zustande als am Vormittag. Der Hörer wurde sofort an Nelsons Mutter weitergereicht.

»Hallo, was ist mit meinem Jungen?«, klang es ängstlich in Richies Ohr. Vor dessen innerem Auge erschien das pockennarbige Gesicht von Madame Ajara.

Mit ihrer Frage hatte sie ihn total aus dem Konzept gebracht. Der von ihm so sorgsam überlegte Gesprächsverlauf war aus den Fugen geraten. Er druckste herum, bis er sich wieder sortiert hatte.

»Nelson geht es gut«, brachte er hervor. Ihm war bewusst, dass nun ein »Aber« kommen musste. »Aber es hat sich etwas Schwerwiegendes ereignet.«

Nelsons Mutter blieb stumm und fragte nicht nach. Sie wartete auf eine weitergehende Erklärung.

»Nelson hatte einen Unfall beim Fußballspielen. Er war längere Zeit nicht in der Lage zu gehen, doch nun ist er wieder gesund.«

Nun mischte sich Madame Ajara mit schriller Stimme ein: »Was heißt das, was ist passiert?«

Richie erzählte ihr, was sich ereignet hatte. »Und nun braucht er eine Aufbauphase, um wieder so fit zu werden wie früher.«

»Wo ist Nelson? Kann ich ihn sprechen?«

»Ja, Madame, aber lassen Sie mich noch etwas erklären. Wir sind jetzt in Frankreich, in Marseille. Die Leute in Katar hatten nicht genug Geduld, auf Nelsons Gesundung zu warten. Ich aber glaube an ihn. Er wird hier von mir langsam aufgebaut, und dann haben wir die Möglichkeit, in einem berühmten Verein vorzuspielen. Ich bin sicher, dass Nelson dort Profi werden kann. Sie müssen mir vertrauen.«

»Mein Gott, der arme Junge. Ich habe gewusst, dass die Sache nicht gut gehen wird. Wäre er doch nur hiergeblieben.«

Nelson hatte mitgehört. Nun war er nicht mehr zu halten. Er ergriff den Hörer und rief hinein: »Hallo Mutter, was Richie gesagt hat, ist die Wahrheit! Mir geht es gut. Ich muss nur noch viel trainieren, dann bin ich wieder der Beste. Mach dir keine Sorgen. Mein erstes Geld schicke ich dir, versprochen! Wie geht es euch? Seid ihr alle gesund?«

»Mein Junge!« Ihre Stimme überschlug sich. »Trägst du noch das Amulett? Du weißt, es soll dich schützen.«

»Natürlich, ich tue alles, was ich versprochen habe, und Richie auch.« Er fasste an die Kette an seinem Hals.

»Die heilige Mutter behüte dich«, schluchzte es durch den Äther. »Ich mache mir andauernd Sorgen um dich. Bitte pass auf dich auf.«

Die Worte seiner Mutter berührten Nelson sehr, doch er wollte dies nicht zu erkennen geben. Er versuchte cool zu erscheinen. So fiel seine Antwort auch nicht so aus, wie er wirklich fühlte: »Mama, wir müssen

Schluss machen. Das Telefonieren kostet viel Geld, Richies Geld. Wenn ich selbst verdiene, können wir ganz lange telefonieren, und du brauchst nicht mehr zu arbeiten, versprochen.«

Als er nur noch einen weiteren Schluchzer hörte, legte er auf. Sie standen einen Moment zusammen und schwiegen, dann packte ihn Richie an der Schulter und sagte: »Das hast du gut gemacht, Kleiner. Wir kriegen das schon geschafft!«

Sie gingen in die Wohnung. Ihnen war beiden nicht danach, noch etwas zu unternehmen, obwohl das Wetter sehr gut war. Richie hoffte inständig, dass es gelang, Nelson auf die richtige Bahn zu bringen. Nelson hatte er immerhin überzeugt, dass dies möglich war. Er wünschte sich das auch.

Nelson war nervös. Dieser Tag würde vieles bringen, was er nicht einschätzen konnte und von dem er nicht wusste, wie es ausging. Da war zunächst der Besuch beim Therapeuten. Er konnte sich nicht vorstellen, was der mit ihm anfangen würde. Außerdem musste er allein hingehen. Richie hatte das so entschieden. Dieser Umstand machte ihm Sorgen. Ob er dem Mann vertrauen konnte? Ob der ihm helfen würde? Ängstliche Fragen über Fragen. Am Nachmittag wollte er dann ins Sportcenter. Dort würde er zum ersten Mal auf die Trainingsgruppe treffen. Ob er mitmachen durfte? Ob er zu ihnen passte? Wenn sich bei nur einer Frage als Antwort ein Nein ergäbe, sähen seine Zukunftschancen als Fußballprofi nicht mehr rosig aus.

Auch zum Training ließ ihn Richie allein gehen. »Du musst lernen, Verantwortung zu tragen«, hatte er gesagt. Dabei waren die ungewohnte Umgebung und die vielen fremden Menschen schon Herausforderung genug.

Er erreichte die Praxis am Quai de Rive Neuve 15 pünktlich. Sein Gehirn brauchte nur den Bruchteil einer Sekunde, um ein Urteil über den Therapeuten zu fällen. Dr. Dominique Jamot war in Ordnung. Ein großes Stück seiner Angst fiel von ihm ab.

»Du bist also Nelson und willst Fußballprofi werden. Bist du ein guter Fußballspieler?«, begann Dr. Jamot das Gespräch.

»Ja, ich bin ein guter Spieler. Aber mein Trainer in Katar hat gemeint, dass ich nicht mehr gut genug bin. Das fand ich schlimm.«

»Herr Finz hat mir erzählt, was mit dir geschehen ist. Ich würde es gerne noch einmal aus deinem Mund hören. Um dir helfen zu können, muss ich wissen, um was es deiner Meinung nach geht. Überleg dir bitte, bevor du loslegst, genau, was dir wichtig erscheint.«

Nelson schilderte, wie er mit Richie nach Katar gekommen war und was dort passieren sollte. Die Schilderung des Unfalls infolge des Fouls von Seydou brachte er nur sehr stockend hervor.

Dr. Jamot merkte förmlich, wie der Junge den Unfall in seinen Gedanken noch mal erlebte, und sprang ihm sofort zur Seite: »Hast du das Gefühl, dass der Unfall dafür verantwortlich ist, dass du dir schwertust, so gut zu spielen wie früher?«

Nelson dachte einen Moment nach. Er musste die richtigen Worte finden, um auszudrücken, was er empfand. Dann antwortete er: »Der Unfall kommt mir in ähnlichen Spielsituationen immer wieder in den Sinn. Ich habe das Gefühl, das behindert dann meinen Spieldrang. Der Trainer nannte das, ich würde hüftsteif spielen.«

»Ich verstehe. Ich möchte versuchen, dir zu erklären, was da in dir vorgeht: Du musst dir dein Gehirn als ein Team von rivalisierenden Spielern vorstellen. Es besteht aus konkurrierenden Untersystemen, die innere Konflikte austragen. Dein Gehirn kann zwei oder mehr Standpunkte gleichzeitig vertreten. Dann kämpfen die miteinander, zum Beispiel Verstand und Gefühl, Mut und Angst. Dein früherer Mut wird nach dem Unfall immer wieder durch Angst bekämpft und blockiert.«

»Das habe ich verstanden«, sagte Nelson.

»Dann kann ich ja weitergehen: Nach deinem Missgeschick erlitt deine Entschlossenheit, Ziele und Träume in die Tat umzusetzen, einen Dämpfer. Es ist völlig normal und menschlich, dass dies zunächst anhält. Nur aus der Bahn werfen darf es dich nicht.«

»Wie kann ich erkennen, wenn das doch geschieht?«

»Deine Motivation lässt nach, Durchhaltevermögen, Konzentration und Aufmerksamkeit ebenfalls. Schließlich schwinden dein Selbstwertgefühl und dein Selbstvertrauen. Stattdessen wachsen Gefühle von Wertlosigkeit und Zukunftsängste.«

»Ja, genauso fühle ich manchmal.«

»Alles passiert in deinem Unterbewusstsein. Ich werde versuchen, dir zu helfen, dessen verborgenen Mechanismus hinter den Kulissen zu entdecken. Veränderungen zum Besseren kommen häufig erst in Gang, wenn man einen hohen Leidensdruck verspürt.«

»Den habe ich schon. Ich habe doch meiner Mutter so viel versprochen.«

»Nun gut, wir werden das, was dir geschehen ist, bei den nächsten Treffen gemeinsam betrachten. Solche Störungen kann man auch als Anstoß für eine positive Entwicklung begreifen. Sie können dich stärken, und du kannst dich sogar fortentwickeln.«

»Oh ja, ich möchte einen Neubeginn, ein neues Leben.«

»Man kann kein neues Leben beginnen, sondern nur das alte fortsetzen.«

»Ich möchte es fortsetzen, gut fortsetzen, gut eben!«

»Alles Gute und Böse spielt sich in deinem Kopf ab. Das meiste wirst du aus eigener Kraft zum Guten verändern müssen. Du musst dich durch selbst gesetzte Anreize ermuntern. Ich kann dir dabei nur helfen und Impulse geben, wenn du mir vertraust.«

»Das tue ich.«

»Dann wollen wir schnell beginnen. Je früher, je besser. Wir Menschen neigen dazu, uns ständig einzureden, dass morgen auch noch ein Tag ist und übermorgen erst recht. Die Konsequenzen sind immer dieselben: Die Sache wird umso schlimmer, je länger man zuwartet. Wir starten also ein Kopftraining. Man könnte auch sagen, positives Denken wird dein künftiges Handeln stärken.«

Nelson strahlte. »Das habe ich schon gemacht. Richie hat mir beigebracht, im Kopf zu üben, besser Fußball zu spielen.«

Sie vereinbarten den nächsten Termin, und als Nelson die Praxis verließ, sah er einen Hoffnungsschimmer am Horizont.

Nach dem Mittagessen machte sich Nelson auf den Weg zum Sportcenter. Er wollte die Ankunft der Jungen nicht verpassen. Insgeheim hoffte er, dass auch Saihou kommen würde. Er hatte viel an sie gedacht und wollte sie wiedersehen. Voller Hoffnung und Erwartung erreichte er den Platz. Er zog sich um und begann mit Einzeltraining. Es würde nicht schaden, wenn die anderen sahen, wie gut er Fußball spielte.

Der Platzwart machte seine Runde und winkte ihm zu. »Ich habe mein Versprechen nicht vergessen!«, rief er. »Du bekommst heute deine Chance mitzuspielen.«

Nelson rief ihm ein Dankeschön hinterher.

Schon nach einer Viertelstunde liefen die jungen Spieler johlend auf den Platz. Nelson musterte sie aus dem Augenwinkel, ohne aufzuhören, gegen die Wand zu köpfen. Sie waren in etwa in seinem Alter und hatten wie er überwiegend afrikanische Wurzeln.

Der Platzwart schlenderte zu ihrem Trainer hin und sprach auf ihn ein. Dann wurde Nelson hinzugerufen.

»Du willst mit uns Fußballspielen? Wie heißt du?«, fragte der Trainer.

»Ich heiße Nelson und Mitspielen wäre mein größter Wunsch, Monsieur.«

»Was hast du denn zu bieten, junger Mann?«

Nelson schilderte kurz seinen Werdegang und bekräftigte, dass er nach dem Unfall unbedingt wieder fit werden wolle.

Der Trainer nickte. »Ich heiße André Houlot. Ich werde dir eine Chance geben. Aber du musst mich heute beim Training davon überzeugen, dass du sie verdienst. Komm mit aufs Feld, wir machen uns erst einmal warm.«

Danach teilte er seine Schützlinge in zwei Mannschaften auf. Nelsons Augenmerk galt sofort der gegnerischen Mannschaft. Ein Schrecken durchfuhr ihn. Einer der Spieler, ein bulliger Typ, erinnerte ihn stark an Seydou.

»Ich darf mich nicht irritieren lassen«, sagte er sich mehrfach leise vor. Wie mit einer Zauberformel wollte er den Eintritt einer Blockade um jeden Preis vermeiden.

Dann sah er eine Bewegung im Tribünenbereich. Seine Stimmung hellte sich auf. In einer knallroten hautengen Jeans und einer roten Bluse stand dort Saihou und grinste ihm zu. Sie hatte ihr Versprechen wahr gemacht und war gekommen. Und das bereits am ersten Tag nach ihrem Kennenlernen!

Nun hatte er einen zweiten Grund, sich anzustrengen. Er wollte Saihou beeindrucken.

Als Houlot das Spiel angepfiffen hatte, erkannte Nelson schnell, dass seine Mitspieler noch nicht so taktisch geschult waren wie er. Sie waren körperlich stark, schnell und beweglich, spielten aber fast ohne Konzept. Nelson gelang es immer wieder, sich mit Einzelaktionen hervorzutun. Einige Mitspieler in seiner Mannschaft erkannten instinktiv seine Fähigkeiten und gingen auf seine Spielweise ein. Das waren die Besseren. Sie gewannen die Oberhand, nicht zuletzt durch ihn.

Der bullige Spieler schaute nicht lange zu. Wie Seydou ließ er nichts aus, um den Spielfluss der Gegner zu stören. Nelson war bemüht, seinen körperlichen Attacken auszuweichen. Er fühlte aber, wie die Angst in ihm wuchs.

»Ich darf mich nicht irritieren lassen«, sagte er leise vor sich hin. Doch sein Respekt vor den gegnerischen Attacken ließ seine Spielweise zäher werden.

Monsieur Houlot blieb das nicht verborgen, aber er konnte sich keinen Reim auf den Leistungsabfall machen.

Nelson versöhnte ihn mit einem präzisen Weitschuss in die linke obere Torecke. Django hatte wieder zugeschlagen und seine Mannschaft zum Sieg geführt!

Sehr berührte den Torschützen der Jubelruf von der Tribüne. Er hatte Saihou auf seine Seite gebracht und war mächtig stolz.

Zunächst klatschten sich die Sieger ab. Nelson erkannte aus ihrem Verhalten, dass er nun dazugehörte.

Auch mit den Verlierern wurde freundschaftlich Frieden geschlossen. Selbst der bullige Junge zeigte kaum Vorbehalte gegen den Neuen aus Kamerun. Er sah ihn lediglich ein wenig beleidigt an. Nelson hatte sich im Spiel keinen Feind gemacht. Dieser Gedanke wurde aus seinem Kopf verdrängt, als ihn der Trainer ansprach: »Gratulation, du spielst nicht schlecht. An deiner Konstanz müssen wir aber noch feilen. Gegen Ende des Spiels bist du in eine richtige Leistungsdelle geschlittert. Dein Tor hat diesen Eindruck etwas beschönigt. Du kannst mit uns trainieren. Ich erwarte allerdings Pünktlichkeit und Stetigkeit. Wenn du dabei sein willst, musst du immer dabei sein.«

Nelson versprach das mit leuchtenden Augen. Er sah auf seine Uhr und erkannte erst jetzt, wie viel Zeit ins Land gegangen war. Saihou war immer noch da und hatte mitgefiebert. Die mag mich, dachte er glücklich und sehnte den Moment herbei, an dem sich die anderen Jungen verabschiedeten und er mit dem Mädchen allein war.

Strahlend ging er auf sie zu.

»Du warst gut«, sagte sie. »Besser als die andern.«

Ihr Lob machte ihn stolz.

»Was machst du jetzt?«, wollte sie wissen.

»Ich habe jetzt frei und weiß, was ich machen möchte. Du bist dabei eingeplant.«

Sie sah ihn an und wartete auf seine Erklärung.

»Ich möchte die Anhöhe hinauf zur Kathedrale. Ich will für meine Familie eine Kerze opfern und für sie beten. Ich lade dich auf eine Cola ein, wenn du mitkommst.«

Sein Taschengeld hatte er bisher noch nicht angerührt.

»Es ist schön, dass du deine Familie liebst. Das tue ich auch. Ich habe in der Kathedrale schon viele Geschenke gesehen. La Bonne Mère scheint die meisten Gebete zu erhören.«

Nelson ließ das Gespräch nicht abbrechen: »Besonders meine Mutter liebe ich sehr, mein Vater ist schon tot. Mama muss deshalb allein für meine vier Geschwister sorgen. Das kostet sie viel Kraft. Wenn ich Profi bin, bekommt sie Geld von mir und muss nicht mehr arbeiten.«

»Bei uns sieht es ähnlich aus«, antwortete sie. »Mein Vater hatte für einen Hungerlohn als Hafenarbeiter gearbeitet. Jetzt kann er nicht mehr, er ist Invalide. Meine Mutter schuftet manchmal zwölf Stunden am Tag. Sie arbeitet in einer Dattelfabrik. Ich habe noch einen Bruder, doch der hat nur Unsinn im Kopf. Er zieht mit seiner Gang umher. Da tue ich mehr für unsere Familie. Neben der Schule helfe ich oft als Verkäuferin aus.«

Ihre Lackpomos, die sie heute trug, waren abgestoßen und fleckig. Nelson fand sie aber immer noch chic. Bestimmt konnte sie sich aus Geldmangel nicht von ihnen trennen, dachte er.

»Wir passen gut zusammen, Saihou. Kommst du mit?«

»Okay«, sagte sie und fügte trocken hinzu: »Ich weiß wenigstens den Weg dorthin.« Ihre Keckheit blitzte immer wieder auf. »Wir müssen an der Abtei vorbei. Die kennst du ja. Danach beginnt die Beschilderung des Weges zur Kathedrale. Wir müssen immer bergauf.«

Ihr Aufstieg führte durch viele schmale Gassen. An einer Menge Häuser wurde gearbeitet. Teilweise wurden sie abgerissen. Viele Arbeiter wuselten herum. Gutturales *Allahu Akbar* sagte Nelson, welcher Glaube hier vorherrschte. Diesen Ausruf kannte er aus Douala.

Saihou hatte auch über diese Arbeiter einen kessen Spruch parat: »Weißt du, wie sie in Marseille Illegale einsammeln? Sie schütteln sie einfach von den Baugerüsten.«

Nelson musste lachen und sie lachte mit.

Es dauerte einige Zeit, bis sie aus den engen Gassen heraustraten und der Weg über den Felsen frei wurde. Von da an bot sich ihnen ein toller Blick auf die Stadt.

Saihou spielte für Nelson die Fremdenführerin. »Dort unten siehst du das Chateau d'If. Dort, die mächtige Inselfestung, die aus dem Wasser ragt.«

Ihre rechte Hand wies in die entsprechende Richtung.

Nelson konnte sogar etwas dazu sagen. Ein Moment des Innehaltens, Atemholens, dann sprudelte aus ihm heraus: »Richie hat mir gesagt, dass die Festung Vorbild für das Gefängnis in einem Roman war, für das Gefängnis des Grafen Monte Christo.«

»Da habe ich etwas dazugelernt«, erwiderte sie trocken.

Die Kathedrale stand auf einem befestigten Plateau. Nelson beugte sich weit über die Brüstung und sah hinunter.

»Willst du dich umbringen?«, ermahnte ihn Saihou zur Vorsicht.

»Nein, natürlich nicht, aber der Ort wäre ein schöner Platz zum Sterben«, erwiderte er versonnen. Er richtete sich auf und warf einen Blick nach oben. La Bonne Mère glänzte golden im Sonnenlicht.

Im Kircheninneren kam Nelson nicht aus dem Staunen heraus. Eine prächtige Ornamentik, die vielen Mosaike, Gemälde und Statuen überwältigten ihn. Er fühlte sich ganz klein, als er die Kerze anzündete, sich niederkniete und inbrünstig für das Wohl seiner Familie betete.

Saihou betrachtete ihn still und war sich sicher, dass die Heilige seine Bitten erhören würde.

Er kaufte an einem Stand vor der Kirche zwei eisgekühlte Cola und erstand noch eine Tüte ungesalzene Erdnüsse.

Sie genossen ihre Erfrischung im Schatten eines großen Baumes. Dann traten sie den Rückweg an. Dass sie sich an den Händen fassten, geschah automatisch und empfanden beide als schön. Nach einer kurzen Berührung zum Abschied blieb der Wunsch nach baldigem Wiedersehen. Nelsons Weg nachhause war kürzer als der ihre.

Zweieinhalb Monate waren vergangen. Alles in positivem Fluss. Nelson war in der Mannschaft, egal wie sie zusammengestellt wurde, Spielführer und bestimmend.

Hugo, den Bullen, hatte er im Griff. Der zeigte nicht den gleichen Biss und die Boshaftigkeit von Seydou und war für ihn keine Gefahr.

Richie konnte sich davon überzeugen, dass bei Nelson Spielfreude und Leichtigkeit zurückgekehrt waren. Auch von Dr. Jamot hatte er positive Signale erhalten. Der sah Nelson auf dem besten Weg zu alter Stärke. Seine Therapie zeigte Wirkung, und er kündigte ihr baldiges Ende an.

Es war wohl nicht nur die Therapie, sondern auch Saihou, die Nelson aufbaute und ihm dabei immer näher kam. Sie wirkte wie eine Belohnung für die harte und disziplinierte Arbeit über den Tag und zeigte ihm die vielen schönen Seiten der Stadt. Mit ihr wagte er sich auch in den Norden. Sozialbausiedlungen, in den sechziger Jahren aus dem Boden gestampft, boten dort den Aussiedlern aus Algerien eine neue Heimat. Allein in der größten Siedlung, La Castellane, lebten in Hochhäusern mehr als 7000 von ihnen.

»Hier ist Zinédine Zidane groß geworden«, erklärte ihm Saihou. Sie sahen beim Jugendfußballclub Association des Jeunes Nouvelle Vague vorbei, der den Jugendlichen mit Kicken eine Alternative zu einer kriminellen Laufbahn bot. Trotz der Warnungen von Richie fühlten sie sich dort sicher. Die Stadtverwaltung überwachte das Gebiet mit Videokameras, und rund um die Uhr patrouillierten Einsatzkräfte.

Sie flanierten verliebt in der Rue Saint-Ferréol, der großen Fußgängerstraße Marseilles. Alle großen Geschäfte lagen hier beisammen. Vor einem der Luxusläden sagte er zu ihr: »Von meinem ersten Geld als Profi erfülle ich dir hier jeden Wunsch.«

Dieses Versprechen bescherte ihm den ersten Kuss.

Der Taumel der Glückseligkeit hielt jedoch nicht lange vor, mit ihrem nächsten Satz erdete Saihou ihn wieder: »Soll ich mit deiner armen Mutter um dein Geld streiten?«

Nelson fühlte sich ertappt.

Vom alten Hafen aus eroberten sie die Gegend um das Rathaus und tauchten in »Le Panier« mit seinen engen Gassen ein. Der Name »Korb« passte wunderbar zu dem Viertel. Es beherbergte eine bunte Mischung von Immigranten.

Richie beschloss fast schon, Frank Schaaf zu kontaktieren, um für Nelson das Probetraining bei Olympique zu erreichen. Nach einigen Überlegungen hielt er sich jedoch noch zurück. Er wollte das Ende der Therapie abwarten. Er selbst wurde allerdings schon bei »OM« vorstellig und schaute sich um. Nelson sollte nun bald erleben, was dort auf ihn zukommen würde.

Am nächsten Wochenende spielte Paris Saint-Germain gegen »OM«. Für dieses Spiel hatte Richie Karten besorgt, um mit Nelson hinzugehen. Er wollte ihn damit für seinen Eifer belohnen. Der Junge war begeistert.

Um zum Stadion zu kommen, benötigten sie keinen Wagen. Das Stade Vélodrome befand sich im Süden, am Nordufer des Flusses Huveaune. Vom Alten Hafen aus konnten sie die Buslinie 83 in Richtung Rond-Point du Prado benutzen. Das Stadion lag an der Endhaltestelle. Sein Name war irreführend. Seit 1998 enthielt der Komplex keine Radrennbahnen mehr. Mit dem Umbau für die Fußballweltmeisterschaft 1998 hatte man sie abgerissen.

Es erwies sich als günstig, den Bus zu benutzen. Es erschien, als wären alle Bewohner der Stadt auf den Beinen. Überall war Stau. Der Bus hatte eine Extrabahn.

Viele Menschen trugen das Trikot des Clubs. Blau-weiße Fahnen waren in die Wagenfenster geklemmt.

Als Richie und Nelson ausstiegen, lag das Stadion wie ein Ufo zwischen den Wohnblocks. Indirekt beleuchtet schimmerte die Stadionhaut in bläulichem Licht. Aus dem Inneren tönten Schlachtgesänge nach außen. Für Nelson war alles wie im Märchen. Die 68 Tausend Zuschauer überwältigten ihn.

Der Spielverlauf konnte aus Richies Sicht gar nicht besser sein. »OM« siegte mit 2 : 1 Toren. Selbst der berühmte Zlatan Ibrahimovic konnte das nicht verhindern. Die Meinung Nelsons, er müsse in Paris spielen, war vom Tisch.

Er hatte nichts Eiligeres zu tun, als Saihou an den unvergesslichen Eindrücken teilnehmen zu lassen. Sie freute sich mit ihm und war stolz auf den Sieg von »OM«.

Er gewann das Gefühl, dass sie gern dabei gewesen wäre. Vielleicht hätte er sie Richie längst vorstellen sollen. Er mochte ihm gegenüber eigentlich keine Geheimnisse.

»Ich werde bestimmt bald zum Probetraining gehen. Ich fühle mich fit«, meinte er.

»Und du glaubst, du wirst die Prüfung bestehen?«

»Ich glaube nicht nur, ich bin mir sicher. Dann bleibe ich auch in der Stadt, und wir können zusammen sein.«

Saihou umarmte ihn stürmisch und gab ihm einen Kuss. Wie schnell konnte sich doch dunkel in hell und Unglück in Glück verwandeln!

Doch Nelson erhielt sofort wieder einen kleinen Dämpfer: »Ich mag dich«, hatte er geflüstert.

»Schön«, antwortete sie.

»Und du?«

»Ich bin auch schön.«

Ganz unerwartet kam Richie am Abend auf Saihou zu sprechen: »Ich habe dich heute mit einem Mädchen gesehen. Ist etwas zwischen euch? Du hast sie umschlungen wie ein Oktopus.«

Nelson errötete und antwortete stockend: »Ja, sie heißt Saihou. Ich habe sie bei meinen Spaziergängen in den Vierteln kennengelernt. Ich liebe sie, glaube ich.«

Richie musste über diese Aussage lächeln. Schau an, dachte er, den Kleinen hat es erwischt.

»Sie scheint mir ein nettes Mädchen zu sein. Allerdings stört mich die Ähnlichkeit ihres Namens mit dem deines Intimfeinds Seydou. Hoffentlich bringt das kein Unglück. Du solltest sie mir auf jeden Fall bald vorstellen.«

»Das tue ich. Und glaube mir, sie hat mir bisher nur Glück gebracht. Beim Fußballspielen ist sie mein größter Fan. Und ihretwegen kenne ich inzwischen viel von der Stadt. Ich werde mir bei OM den Arsch aufreißen. Ich möchte nämlich schon allein ihretwegen hierbleiben.«

Was er zu hören bekam, gefiel Richie.

Dr. Jamot meldete sich und lud Richie und Nelson zu einem Schlussgespräch ein. Sie gingen mit großen Erwartungen hin.

Der Therapeut wandte sich zuerst an Nelson: »Nun, mein Junge, wie geht es dir? Hast du das Gefühl, dass du vorangekommen bist?«

Nelson nickte heftig. Er war fest davon überzeugt: »Aber sicher, Monsieur Jamot, ich fühle mich großartig und Sie haben mir dazu verholfen.«

»Wir glauben, alles kann umgekehrt werden. Kalt in warm, dunkel in hell und nass in trocken. Ich konnte dir nicht versprechen, dass sich deine Blockade umkehren ließe. Wir haben zusammen hart gearbeitet. Du hast einen großen Anteil daran, dass es gelang.«

Nelson nickte.

»Reiß dich weiter am Riemen. Verfall nicht in stumpfsinnigen Alltagstrott: Metro, Boulot, Dodo – Metro, Maloche und Heia. Sonst war alles umsonst.«

»Das werde ich nicht«, erwiderte Nelson. »Ich habe mir doch neue Ziele gesetzt.«

»Dann will ich dir die Daumen drücken, dass du sie erreichst. Geh deinen Weg von Zwischenziel zu Zwischenziel, wie ich es dir erklärt habe. Und nun lass mich bitte mit Herrn Finz allein. Ich habe mit ihm noch etwas zu bereden.«

Er hielt Nelson die Hand hin, und der drückte sie fest.

»Herr Finz, es sieht so aus, als habe die Therapie bei Nelson angeschlagen. Der Junge hat sich blendend gemacht. Er hat eine weitere Chance verdient. Aber ich muss Sie warnen, nichts ist sicher. Ein Rückfall ist durchaus denkbar. Der Junge ist weich und kann in seiner Seele nicht so gut wegstecken wie auf dem Fußballfeld. Geben Sie bitte auf ihn acht.«

Dr. Jamot hatte das in Worte gefasst, was Richie schon länger ahnte. Er versprach, alles zum Wohle des Jungen zu tun. Als er sich verabschiedete, hatte sein gerade wiedererwachter Optimismus leichte Risse bekommen. Aber er wollte das Eisen schmieden, solange es warm war, und nahm Kontakt zu Frank auf. Der verhalf ihm in kürzester Zeit zu dem Probetraining.

Als der Termin feststand, platzte Nelson vor Stolz. Er wollte unbedingt seine Mutter über die glückliche Wendung informieren.

Mit dem Anruf erlebte er ein Waterloo. Seine Mutter lag im Hospital. Sie hatte eine schwere Herzattacke gehabt und rang mit dem Tod. Der schien unausweichlich. Hatte sie die letzten Nachrichten nicht verkraftet?

Wozu soll ich mich noch anstrengen, wenn es sie nicht mehr gibt?, fragte er sich verzweifelt. Der schlimme Zustand seiner Mutter traf ihn schwer. Das, was Dr. Jamot als latente Gefahr bezeichnet hatte, trat nun hervor. Eine depressive Mattigkeit ergriff ihn.

Richie wollte sich in den Bauch beißen, weil er das Telefonat zugelassen hatte, aber er hatte ja nicht ahnen können, dass …

Nelsons seelisches Ungleichgewicht überschattete das gesamte Probetraining. Er ließ jegliche Spielfreude vermissen. Von Dominanz konnte keine Rede sein. Er spielte mechanisch, ganz ohne Pfiff.

Richie sah verzweifelt zu und wusste schnell, wie die Beurteilung ausfallen würde.

Der Trainer fand deutliche Worte: »Für den Kleinen spielen wir wohl in einer anderen Liga. Der mag einige gute Ansätze haben, aber das reicht nicht für uns.« Nicht zuletzt wegen des guten Kontakts nach Katar fand er einige tröstliche Worte: »Er muss noch viel an sich arbeiten. Vielleicht ist er im nächsten Jahr reifer. Ich würde ihm noch mal eine Chance geben.«

Richie war klar, dass es dazu nicht kommen würde.

Nelson nahm die Bewertung äußerlich völlig emotionslos hin. Aber innerlich brodelte es in ihm. Er hatte wieder versagt. Er sah aber auch keinen Grund mehr zu kämpfen. Seine Mutter lag schließlich im Sterben, und Saihou wollte er so nicht mehr vor die Augen treten. All seine Versprechungen waren null und nichtig. Seine Mutter würde genauso wenig Geld von ihm erhalten wie Saihou. Er war ein Mann der Schande und musste die Konsequenzen tragen.

Auf der Rückfahrt stand zwischen Richie und Nelson eine Mauer des Schweigens. Sie war nicht feindlich, sondern aus Sprachlosigkeit geboren. Über Nacht fasste Nelson einen weitreichenden Entschluss.

Als Nelson nicht zum Frühstück kam, schaute Richie in dessen Zimmer. Der Junge war ausgeflogen! Richies Atem wurde heiß. Hoffentlich tut sich Nelson nichts an, dachte er.

Der war auf dem Weg zu La Bonne Mère. Dr. Jabot hatte ihn belehrt, dass es nicht möglich war, ein neues Leben zu beginnen. Man konnte nur das alte fortsetzen, oder sterben. Nun wollte er sterben, nur noch sterben.

Da oben bei der Gottesmutter war ein guter Platz zum Sterben. Das wusste er. »Ein guter Platz zum Sterben«, hatte er zu Saihou gesagt. Diese Worte standen nun in großen Lettern vor seinem inneren Auge.

Er eilte den Berg hinauf, denn er sah nur noch diesen einen Ausweg.

Atemlos erreichte er das Fundament der Kathedrale.

Es war früh, und nur wenige Gläubige waren schon hier.

Da war niemand, der ihn warnte, sich zu weit über die Brüstung zu beugen. Er tat es und ließ sich fallen.

Der Fall war kurz und gab ihm nicht einmal Zeit, seinen letzten Gedanken zu Ende zu denken.

Nelson schlug auf den Steinplatten auf. Die Fallhöhe ließ nur einen tödlichen Ausgang zu. Beim Aufprall brachen die meisten Knochen. Innere Organe rissen ab, und schwere innere Blutungen waren die Folge.

Nelson prallte zuerst mit dem Schädel auf und erlitt erhebliche Quetschungen des Gehirns. Sein Schädel platzte, und Gehirnmasse trat aus. Schnell bildete sich um ihn herum eine große Blutlache.

Die Polizei und der Unfallarzt waren in kürzester Zeit zur Stelle. Der Arzt fand keinen Hinweis auf Fremdeinwirkung. Für ihn handelte es sich eindeutig um Suizid.

»Diese Suizidmethode gilt als eine der besonders harten. Sie fordert große Selbstüberwindung. Es sei denn, der Todeswunsch ist so übermächtig, dass die Handlung impulsiv vonstattengeht. Depressionen als Selbstbetäubung können den Todeswillen ebenfalls erleichtern«, dozierte er.

Der Staatsanwalt ordnete trotz des eindeutigen Befunds Obduktion an. Er wollte auf der sicheren Seite sein, sollten später noch Zweifel an der ersten Einschätzung aufkommen. Nelsons Leichnam wurde noch einmal gründlich daraufhin untersucht, ob die schweren Kopfverletzungen wirklich nur vom Sturz herrührten und nicht durch einen Schlag verursacht worden waren. Auch bei dieser Untersuchung ergab sich kein Hinweis auf Fremdverschuldung. Selbsttötung wurde als Todesursache festgeschrieben. Es stand dem nichts mehr entgegen, die Leiche freizugeben.

Nelson hatte keinerlei Papiere bei sich, und so fiel es den Behörden schwer, den Jungen zu identifizieren und Angehörige zu informieren.

Richie hörte erst im Radio vom Selbstmord eines farbigen Jugendlichen. Eine schlimme Ahnung stieg in ihm auf. Er meldete sich bei der Polizei, berichtete, dass Nelson von zuhause verschwunden sei, und bat, den Leichnam sehen zu dürfen.

Maßlose Trauer und tiefe Bestürzung erfassten ihn, als Nelson leblos vor ihm lag. Seine Augen wurden feucht. Warum hatten nur alle Toten diese Müdigkeit im Gesicht? Nelson war doch so aktiv gewesen. Alles, was er gerade dachte, eignete sich nicht zum Flüstern, man musste es brüllen: *Warum so früh?*

Es brachte keinen Trost, dass ihm ein Sprichwort einfiel: *Wen die Götter lieben, der stirbt jung.*

Als er mit der Leichenschau fertig war, hatte er das Bedürfnis, den Ort des Selbstmords aufzusuchen. Er nahm ein Taxi hinauf zur Kathedrale. Den Ort des Aufpralls fand er sofort. Unbekannte hatten Blumen und Kerzen abgelegt, um ihre Trauer und Betroffenheit zu bekunden.

Richie verharrte für längere Zeit mit versteinertem Gesicht in tiefem Schweigen. Es dauerte, bis ihm bewusst wurde, dass er der Einzige war, der Nelsons letzten Weg organisieren konnte und musste.

Er wies sich als Nelsons Vormund aus und entschied sich für eine Feuerbestattung. Eine Platte in einer Mauer für Urnengräber musste weder bepflanzt noch begossen werden. Nelson würde schließlich allein zurückbleiben. Auf in Frankreich übliche Plastikblumen verzichtete Richie, aber er ließ neben den Angaben zu Nelsons Person das Motto der Fußballhymne von Liverpool und vielen anderen Vereinen eingravieren: *You never walk alone.*

An der Beisetzung nahm er allein teil. Er hatte vergeblich versucht, Saihou ausfindig zu machen. Sie war wie vom Erdboden verschwunden. Ein Gedanke kreiste ständig in seinem Kopf: *Nichts verrät so viel über den Verlauf eines Lebens wie der Tod!*

Zurück in Deutschland

Ein Brief von Frank entband Richie, länger darüber nachzugrübeln, was er nun tun solle:

Lieber Richie,
so bedauerlich das ist, was mit Nelson geschah, der Fall Nelson Cherono wurde heute bei uns abgeschlossen. »Case Nelson« is not longer our cup of tea.

Richie war von der Kälte der Formulierung betroffen.

… Wir haben seinen Suizid der Versicherung gemeldet und die Auszahlung der Versicherungssumme zu deinen Gunsten beantragt. Heute erhielt ich die Information, das Geld sei auf dein Konto ausgezahlt worden, das wir für deine laufenden Bezüge genutzt hatten. Ich hoffe, wir gehen darin einig, dass damit alle deine Ansprüche erfüllt sind. Ich wünsche dir alles Gute für die Zukunft und mehr Glück als in der Zusammenarbeit mit Nelson und uns. Vielleicht sehen wir uns noch einmal wieder.
Alles Gute! Frank

Richie begriff erst langsam, dass er auf einen Schlag drei Millionen Dollar reicher geworden war. Das gab ihm keine Befriedigung, sondern hinterließ nur einen schlechten Geschmack.

Er beschloss, nach Frankfurt zurückzukehren. Trotz seines Vermögens wollte er wieder arbeiten. Fußball war nun mal sein Leben. Bei der Anstellung würde er nach so langer Abwesenheit auf der Karriereleiter bestimmt weiter zurückgestuft werden. Seine Hoffnung, einen annehmbaren Job zu erhalten, fußte darauf, dass der Deutsche Fußballbund seine Zentrale an der alten Rennbahn erheblich vergrößern wollte. Die Personalabteilung suchte geeignete Leute. Richie bewarb sich sofort. Er wollte bei seiner Berufsplanung auf jeden Fall vermeiden, nochmals sein Schicksal an einen einzelnen Menschen zu binden.

An einem freien Abend ging er in einen Club. Welch ein Zufall, er traf dort Mira. Sie war immer noch solo. Er blieb, selbst auf die Gefahr hin, dass alles wieder kompliziert werden würde. Sein Entschluss kam ihm zwar in den Sinn: Ich werde mein Schicksal nicht noch einmal an einen einzelnen Menschen binden, aber er wollte auch nicht mit der Einsamkeit als zweiter Haut leben. Er bewegte wohl seine Lippen bei diesen Gedanken.

Mira reagierte darauf sofort: »Mit wem sprichst du gerade?«

Ohne nachzudenken antwortete er spontan: »Mit mir selbst.«

Mit einem Lachen in der Stimme erwiderte sie: »Das tun wir alle irgendwann, wenn wir älter werden.«

Er musste seit Langem wieder mal lächeln …

.